Couverture inférieure manquante

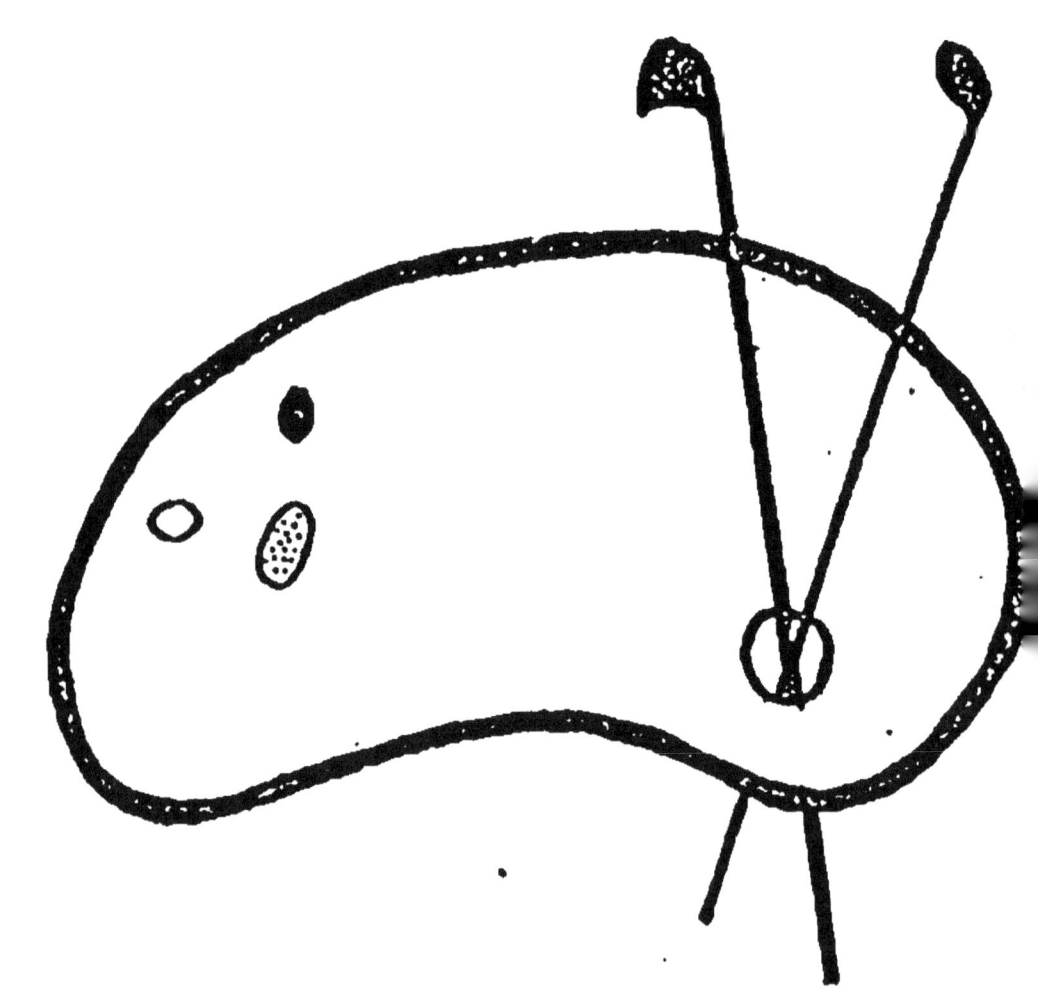

DEBUT D'UNE SERIE DE DOCUMENTS
EN COULEUR

Dédié aux Enfants de Bosville

NOTICE
SUR
BOSVILLE
(Canton de Cany)

Par C. ROMAIN

Première Partie

BOSVILLE avant 1789

Prix : 0 fr. 20

(Au profit du Bureau de Bienfaisance)

YVETOT

Imprimerie A. BRETTEVILLE *(Le Réveil d'Yvetot)*
Septembre 1896

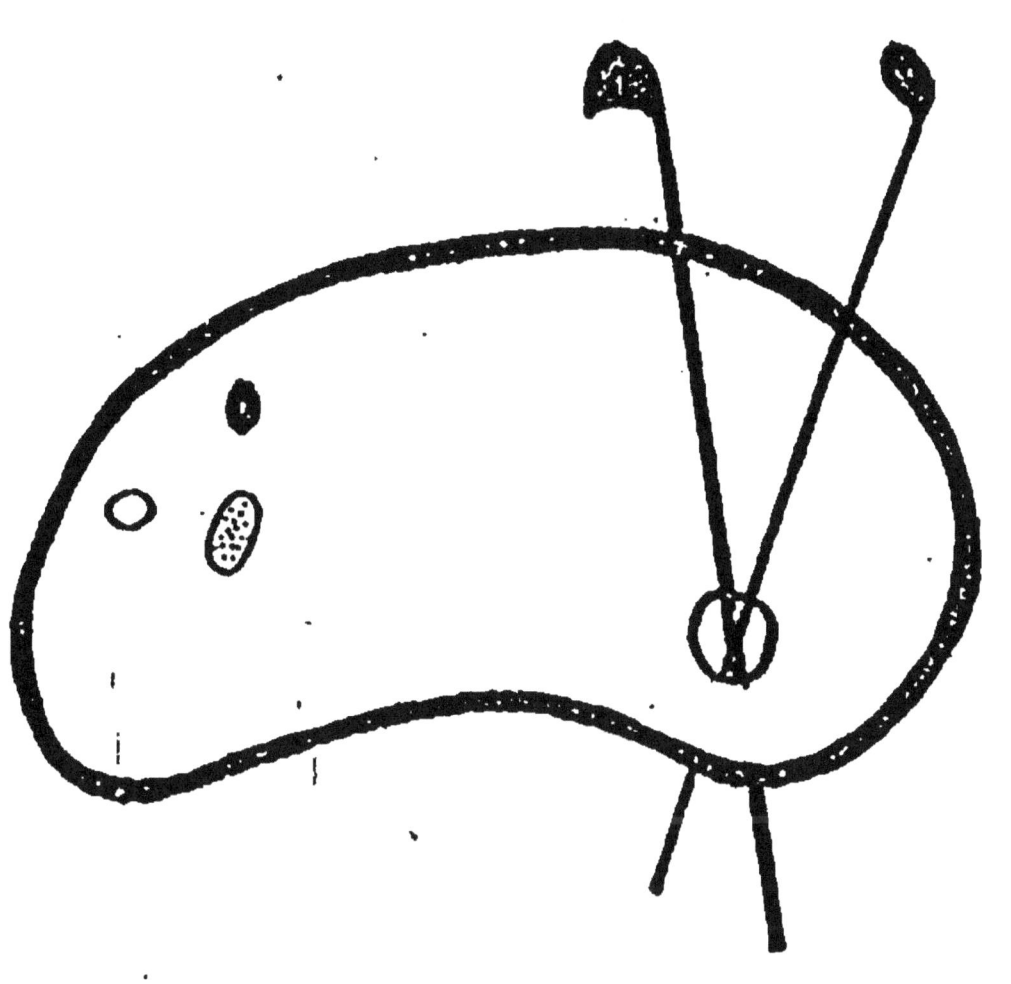

FIN D'UNE SERIE DE DOCUMENTS
EN COULEUR

Dédié aux Enfants de Bosville

———※———

NOTICE

SUR

BOSVILLE

(Canton de Cany)

Par C. ROMAIN

———+———

Première Partie

BOSVILLE avant 1789

YVETOT

Imprimerie A. BRETTEVILLE (*Le Réveil d'Yvetot*)
Septembre 1896

AUX ENFANTS DE BOSVILLE

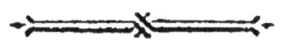

Mes chers Enfants,

En vous présentant aujourd'hui cette notice, nos prétentions ne sont pas d'acquérir le titre d'historien normand ; notre but est plus modeste : c'est de vous faire aimer davantage cette « Patrie dans la Patrie », ce village où vous êtes nés, où vous vivez au sein de votre famille, et que vous reverrez avec tant de bonheur si les nécessités de la vie vous forcent un jour de le quitter.

Nous avons assemblé pour ce travail tous les documents que nous avons pu trouver, et nous vous dédions plutôt un inventaire d'archives et des extraits d'auteurs qu'un travail proprement personnel ; mais l'histoire ne s'invente pas ; il faut bien la trouver quelque part ! Les historiens éminents qui ont été victimes de nos larcins nous pardonneront certainement en considération de notre but.

BOSVILLE, le 10 Août 1896.

C. ROMAIN

Ouvrages consultés ou auxquels nous avons fait des emprunts :

La Haute-Normandie.................. (Toussaint-Duplessy) ;
Les Eglises de l'arrondissement d'Yvetot, la Normandie historique et archéologique, la Normandie souterraine. (l'abbé Cochet) ;
Histoires de Normandie,..................... (Dumoulin) ;
Les Martel de Bacqueville, les Inscriptions de la Chapelle de Saint-Sauveur de Longueil, les Cronicques de Normendie (M. Hellot) ;
Un Procès entre deux Seigneurs Hauts-Justiciers — Cany-Canyel et Valmont — Au XVIII° Siècle, Excursion archéologique à Valmont et Cany............... (M. le comte d'Estaintot) ;
Le Canarien.................................... (M. Cravier) ;
Les Grands-Officiers de la Couronne........ (le père Anselme) ;
Biographies......................,................. (Morery) ;
Histoire romantique de Jehan de Béthencourt
(Guillaume de Martonne) ;
La Seigneurie et les Seigneurs de Cany en Normandie (Sandret) ;
L'Ancien Régime.................................... (Taine) ;
Histoire de France........................ (Henri Martin) ;
Histoire de la Civilisation française........ (M. A. Rambaud) ;
Histoire de la Révolution française............... (Michelet) ;
Recueil des historiens des Gaules et de la France (M. L. Delisle) ;
Ouvrages divers.................... (M. de Beaurepaire) ;
Renseignements gracieux (M. Biochet, notaire honoraire à Caudebec, avec nos plus sincères remerciements).

Documents publics consultés :

Archives Nationales, Archives de la Seine-Inférieure, Archives communales de Bosville.

Nous tenons à exprimer ici notre reconnaissance à M. Braquehais, sous-bibliothécaire du Havre, pour son empressement à nous mettre sur la trace des ouvrages qui nous étaient nécessaires.

CHAPITRE Ier

Etymologie du nom de Bosville — L'ancienne rivière de Bosville — Période incertaine — Divisions administratives du pays de Caux depuis l'établissement de la Féodalité jusqu'à la Révolution.

Etymologie du nom de Bosville. — Bosville s'appelait en langue latine *Bosci-Villa*.

Bosci signifiait bois, et *Villa* désignait une exploitation rurale entourant la maison de campagne *(villaé)* du propriétaire du sol, du maître du village.

Sous la domination franque, Bosci devint *Bosc* ou *Bos*, et *Villa* devint *Ville*.

Bos-Ville signifiait donc une exploitation rurale avec un bois.

Il est vrai que l'on trouve aussi ce nom orthographié *Bauville* dans de très anciens pouillés et dans Toussaint Duplessis, mais alors l'étymologie n'avait pas été respectée et on ne s'était attaché qu'à la prononciation, car on a toujours prononcé Bauville et non Bosseville, comme on serait tenté de le penser en voyant ce nom écrit Bosville. Il est tellement vrai qu'on a toujours prononcé Bauville que, dans tous les documents que nous possédons, en remontant jusqu'au XIe siècle, nous trouvons, dans la même pièce, ce nom orthographié indistinctement *Bosville*, *Bôville*, *Boville* et *Bauville*.

L'Ancienne rivière de Bosville. — Eustache Gauger dans son essai historique sur la ville d'Eaumare, prétend qu'une rivière coulait autrefois dans le vallon de Bosville, et que cette rivière était assez forte pour actionner plusieurs moulins.

D'après une tradition du pays, le fils d'un seigneur de Thibermesnil s'y étant noyé, ledit seigneur en boucha les sources avec des balles de laine et en fit ainsi tarir le cours. Mais une tradition n'est pas une certitude, et rien n'est moins prouvé que l'existence de cette rivière : en effet, les géographes latins parlent bien de la Durdent qu'ils appellent Durdo (nom qui vient du celtique Durdon, lequel est antérieur à l'époque latine), mais il n'est question nulle part, dans les auteurs les plus anciens, d'une rivière qui se serait jetée dans la Durdent à Gravinum (Grainville-la-Teinturière). Il est présumable que si Gravinum avait été situé au confluent de deux cours d'eau, il en serait fait mention dans les documents remontant aux premiers siècles de l'ère chrétienne.

Période incertaine. — Bosville paraît avoir été un village assez important sous la domination romaine. « Dans le vallon qui est sous l'église de Bosville, dit l'abbé Cochet, le laboureur découvre des puits, des murailles et des maçonneries romaines. Vers 1810, un cultivateur, nommé Godard, découvrit, avec sa charrue, un cercueil en plâtre, en forme d'auge, contenant les os calcinés d'un enfant accompagnés de trois médailles de Faustine et de deux petits bustes en bronze doré. »

Sur le versant méridional du même vallon, dans l'ancien bois de Rancetuit, aujourd'hui une ferme, un puits, maintenant recouvert, a paru être d'origine romaine. Tout récemment encore (1894), la bêche a mis à jour, dans la propriété Durécu, près l'église, une pièce datant de l'an 253 à l'effigie de l'empereur *Trebonius Gallus* (Trébonien Galle).

Ces découvertes, faites à Bosville, n'ont rien qui puissent surprendre, étant donné son voisinage de Gravinum avec lequel ce village communique par un vallon conduisant à la Durdent.

Or, la Durdent était un centre romain important, non seulement à Gravinum, mais aussi à Cany, « où il a été trouvé, depuis tantôt un siècle, tant d'antiquités que je n'hésite pas (l'abbé Cochet) à placer dans cette petite ville, admirablement située, une station romaine aussi importante pour le moins que la ville actuelle. »

Puisque la Durdent romaine était si peuplée, pourquoi Bosville, qui se trouve dans son voisinage, n'aurait-il pas joui, relativement, des mêmes avantages ?

Le Bosville romain, détruit par les barbares, s'est-il reformé sous la protection de quelque puissante abbaye, ou a-t-il été reconstitué par quelque grand propriétaire franc ? Nous ne possédons aucun document à ce sujet, et rien ne vient nous éclairer sur la période qui s'est écoulée depuis la chute de l'Empire romain jusqu'au partage de la Normandie entre Rollon et ses compagnons en 912 ; mais nous avons tout lieu de penser que le territoire actuel de la commune de Bosville fut distribué aux pirates du nord de la façon suivante :

Bosville proprement dit (1) fit partie du fief de Grainville sous la suzeraineté du comté de Longueville.

Les hameaux de Bieurville, Ruville et Touffrainville

---

(1) Nous entendons par là le territoire actuel de la commune de Bosville, moins les hameaux. Le périmètre de ce domaine est ainsi déterminé : 1° vers le sud, la limite de Bieurville, par le vallon, en suivant la côte Saint Sanson et le bois jusqu'à la limite de Saint-Vaast ;

2° Vers l'est, la limite de Saint-Vaast, laquelle traverse le bois pour se continuer dans la plaine jusqu'à celle de Ruville ;

3° Vers le nord, la limite de Ruville par le vallon où se trouve actuellement le chemin de fer de Saint-Vaast à Cany ;

4° Vers l'ouest, la limite de Cany-Barville (traversant Victuit) et celle de Grainville jusqu'à notre point de départ dans le vallon de Bosville.

formèrent chacun une petite seigneurie sous la dépendance d'un suzerain quelconque.

DIVISIONS ADMINISTRATIVES DU PAYS DE CAUX DEPUIS L'ÉTABLISSEMENT DE LA FÉODALITÉ JUSQU'EN 1789. — *Gouvernement ecclésiastique.* — Le pays de Caux était compris tout entier dans le diocèse de Rouen.

Le diocèse de Rouen était divisé en six archidiaconés.

Le pays de Caux renfermait trois archidiaconés, savoir : celui du Grand-Caux, celui du Petit-Caux et celui d'Eu.

Bosville faisait partie de l'archidiaconé du Petit-Caux.

Les archidiaconés étaient divisés en doyennés ruraux.

L'archidiaconé du Petit-Caux comprenait les doyennés ruraux de Bacqueville, Brachy et Canville.

Bosville faisait partie du doyenné de Canville.

Gouvernement civil. — Les deux parlements de Rouen et de Paris s'étendaient sur le pays de Caux, mais il n'y avait que le comté d'Eu qui fût du ressort de celui de Paris en formant un baillage à part, lequel était divisé en cinq vicomtés.

Des sept grands baillages que renfermait la province de Normandie, celui de Caux s'étendait sur presque tout le reste du pays duquel il tirait son nom.

Ce grand baillage n'avait anciennement que quatre vicomtés, savoir : Caudebec, Montivilliers, Arques et Neufchâtel. Plus tard, ces quatre vicomtés en formèrent sept, qui prirent elles-mêmes le titre de baillages et le conservèrent jusqu'à la Révolution. Ces sept vicomtés ou petits baillages étaient : Caudebec, Cany (démembrement de Caudebec), Montivilliers, le Havre (démembrement de Montivilliers), Arques, Longueville (démembrement d'Arques) et Neufchâtel.

Chaque baillage était divisé en sergenteries dont chacune comprenait un nombre déterminé de paroisses.

Le baillage de Cany renfermait les trois sergenteries de Cany, Grainville et Canville.

Bosville faisait partie de la sergenterie de Cany.

La partie du pays de Caux qui était du ressort du parlement de Rouen dépendait aussi de la Chambre des comptes de la même ville. Le comté d'Eu faisait partie de la Chambre des comptes de Paris. La Normandie entière dépendait de la Cour des aides de Rouen.

Tout le pays de Caux faisait partie de la Généralité de Rouen et comprenait les Elections de Montivilliers, d'Arques, d'Eu, de Neufchâtel et une partie de celles de Rouen et de Caudebec.

Bosville faisait partie de l'Election du Caudebec.

Gouvernement militaire. — Deux grands gouvernements de province partageaient entre eux l'autorité militaire dans le pays de Caux : la partie occidentale formait le gouvernement du Havre, le reste appartenait à celui de Normandie.

Bosville dépendait du gouvernement de Normandie.

CHAPITRE II

Les Seigneurs

§ 1ᵉʳ. — Le Fief de Bosville

Le domaine de Bosville resta dans les mains des seigneurs de Grainville jusqu'au milieu du onzième siècle, époque où ils l'aliénèrent, à titre de fief de haubert, en se réservant le patronage de l'église.

Le nouveau seigneur de Bosville prit le nom de la terre qui venait de lui être concédée. Il adopta pour armes : de gueules à un pal d'argent et six meslettes d'argent.

Un sire de Bosville fut du nombre des chevaliers qui, sous la conduite de Guillaume le-Conquérant, s'emparèrent de l'Angleterre en 1066.

Un autre seigneur de Bosville, nommé Gauvain, accompagna le duc de Normandie à la première croisade, en 1096, en qualité de chevalier banneret ou porte-guidon.

Le fief de Bosville resta entre les mains de ses seigneurs particuliers jusqu'en 1479 et fut alors réuni de nouveau à la châtellenie de Grainville ; mais, avant de rentrer dans le domaine personnel de son suzerain, il devait passer par bien des vicissitudes : En effet, le dernier des Bosville, Jean de Bosville, le vendit en 1405 à l'écuyer Pierre le Cauf ; le 21 mai 1407, Pierre le Cauf le revendit à Regnault de Longueil, par acte passé devant Mᵉ Leriche, tabellion à Dieppe. Regnault de Longueil, entré en possession de la terre de Bosville, rendit les devoirs seigneuriaux au châtelain de Grainville, mais, après sa mort, son fils refusa de faire hommage à son suzerain Jacques de Rouville, archidiacre d'Eu. Celui-ci s'empara alors du domaine, mais le restitua peu de temps après et put ensuite l'acquérir de son vassal en 1478. Il fut alors presque aussitôt forcé de l'abandonner à Jacques Filleul, neveu du vendeur, qui exerça le retrait lignager. Enfin l'année suivante, il en devint définitivement propriétaire. L'histoire des seigneurs de Grainville ne devient donc, en réalité, celle des seigneurs de Bosville qu'à partir de l'acquisition définitive de la terre de Bosville par Jacques de Rouville ; nous croyons cependant devoir remonter plus loin, attendu que ces seigneurs de Grainville étaient restés patrons de la paroisse de Bosville et que le droit de patronage avait une grande importance sous le régime féodal.

Les Grainville

Grainville avait donné son nom à la famille qui prit possession de ce domaine lors du partage normand (1).

La dernière représentante de cette famille à Grainville fut « dame Nicole » (2) qui épousa Jean Ier de Béthencourt.

Devenue veuve elle renonça, en 1337, en faveur de l'abbaye de Saint-Wandrille, au patronage de l'église de Grainville. Après sa mort, son fils, Jean II, hérita du domaine de Grainville qui passa ainsi dans la famille des Béthencourt.

Les Béthencourt

Jean II

Ce seigneur épousa Isabeau, dame de Saint-Martin-le-

---

(1) Un de ses membres, Jean de Grainville, prit aussi part à la première croisade comme chevalier banneret ou porte-guidon. Ses armes étaient : d'azur à une selle d'argent à croisettes d'or recroisettées.

(2) Ce nom s'éteignit à Grainville avec « dame Nicole », mais il continuait de subsister au Hanouard jusqu'aux premières années du XVe siècle.

Gaillard, et mourut dans Harfleur au service du roi de France.

Il laissait un fils, Jean III, et plusieurs filles dont l'une, Jeanne, dut être cette dame de Béthencourt qui se mit à la tête d'une compagnie de vilains révoltés contre leurs seigneurs.

Jean III

Jean III épousa, en 1358, Marie de Braquemont, fille de Regnault de Braquemont, sieur du Traversain. Cette même année, le château de Grainville tomba au pouvoir des Navarrais, grâce à la complicité de la mère de Jean III. La forteresse fut bientôt reprise, mais Charles V n'en ordonna pas moins la démolition de ses murailles. Jean III laissait deux fils : Jean IV, le futur roi des Canaries, et Regnault II, dit Morelet.

Jean IV
(Jean de Béthencourt, roi des Canaries)

A sa majorité, Jean de Béthencourt fut mis en possession des biens suivants :

1º La seigneurie de Béthencourt ;

2º La seigneurie de Grainville, fief noble de haubert entier, relevant du roi à cause de sa comté de Longueville et sis sur les paroisses de Grainville, Hanouard, *Bosville*, Hattenville, Saint Jouin et Vaudreville ;

3º Les fiefs de Saint-Cère, Lincourt, Riville, Grand-Quesnay, Hugueleu, Gourrel et la baronnie de Saint-Martin-le-Gaillard.

Il demanda bientôt au roi la permission de remettre en état de défense le château de Grainville, sous prétexte que les habitants de la contrée n'avaient pas de meilleur refuge contre l'ennemi.

Par lettres patentes du onzième jour après Pâques 1387, Charles VI lui permettait de relever les murailles de cette ancienne forteresse et il ordonnait même à tous ceux qui avaient la servitude de guet, avant sa démolition, de se soumettre à nouveau à cette obligation, selon la coutume du pays.

Le bailly de Caux protesta auprès du roi, car il savait que ce n'était pas pour abriter les vilains des environs que Béthencourt demandait l'autorisation de rétablir les fortifications de son château, mais bien pour les opprimer et se procurer, en même temps, les moyens de tenir tête au roi quand il voudrait protéger le peuple contre la tyrannie du puissant seigneur de Grainville.

Celui-ci insista auprès de Charles VI et il obtint définitivement gain de cause en considération des services que sa famille avait rendus sur les champs de bataille.

Le monarque ne tarda pas à s'apercevoir qu'il avait agi trop légèrement, car, en 1395, le 3 novembre, il écrivait au vicomte de Caudebec que le châtelain de Grainville « était si fort et si puissant au pays que, bonnement, le conseiller royal, Guillaume de Vienne, archevêque de Rouen, ne pouvait avoir contre lui ni justice ni raison. »

Voici de quoi il s'agissait :

L'archevêque avait seul le droit de connaître et de punir tous les délits commis par les clercs (1) dans l'étendue de son diocèse. Malgré cela, Béthencourt envoya, sous la conduite de Jean de Riville, son vassal, plusieurs sergents et forestiers pour arrêter, dans la maison de Jean Galopin, tavernier à Riville, deux clercs coupables d'un délit de chasse. Cette arrestation donna lieu à certains actes de violence sur lesquels le roi ordonna au vicomte de Caudebec de faire enquête.

---

(1) On appelait clercs des hommes qui, se destinant à l'état ecclésiastique, n'avaient encore reçu que les ordres mineurs. Ils attendaient pour revêtir le caractère sacerdotal qu'une place de vicaire ou de curé devienne vacante. Restant dans la vie civile, ils se livraient aux travaux des champs, instruisaient les enfants du peuple et aidaient le prêtre dans les fonctions de son ministère.

Voici l'extrait de cette ordonnance :

« Charles, etc...... L'archevêque de Rouen étant en possession de connaître et de punir tous les délits commis par les clercs dans l'étendue de son diocèse, néanmoins, Thierry Lenfant, Henri et Guillaume, dits les Flâmets, Jean de Lourme, Guillaume Fortin, se disant sergents et forestiers des bois du chevalier de Béthencourt, et Jean de Riville, vinrent en la maison du sieur Galopin en laquelle buvaient Vincent Basire, de la paroisse de Thiergeville, et Jean le Royer, de la paroisse de Tiétreville, *clers*, en habit et tonsure de clerc, et plusieurs autres; lesquels sergents et forestiers crièrent et demandèrent qu'on leur ouvrît la porte de la maison, disant qu'ils voulaient avoir les larrons qui s'y trouvaient ; auxquels sergents et forestiers ledit Galopin et sa femme, pour ce qu'il était bien matin et sur le jour et ne sachant à qui ils avaient affaire, refusèrent d'ouvrir leur porte : et pour cette cause, et incontinent, les susdits forestiers et sergents rompirent les fenêtres et entrèrent avec des échelles, contre la volonté de Galopin et de sa femme, et là trouvèrent lesdits Vincent et le Royer qui s'étaient cachés en un solier (grenier), lesquels se rendirent, furent pris et liés de cordes par les mains et battus par lesdits forestiers et sergents jusqu'à grande effusion de sang, et furent ensuite menés en prison au château de Grainville ; et après, lesdits Vincent et le Royer, clercs, ainsi liés, furent attachés à des poteaux et exposés pendant deux jours, têtes nues et leurs tonsures apparentes, en plein marché de Grainville, devant tout le peuple, et ayant, chacun, deux lapins pendus au cou ; lesquelles choses ont été faites du consentement dudit seigneur de Grainville, qui les a eues pour agréables et qui, encore, a dit à plusieurs personnes que, s'il eût été à Riville quand lesdits clercs furent pris, il eût, avant tout, *bouté* (mis) *le feu à la maison*. Ledit seigneur fit ensuite maltraiter les délinquants et les força de lui payer une certaine somme d'argent en leur faisant jurer de ne pas porter plainte. Pourquoi nous, considéré ce que dessus est dit, te mandons et commettons que tu informes, etc... »

L'enquête du vicomte de Caudebec marcha rapidement et son résultat fut écrasant pour le seigneur de Grainville ; mais, sur ces entrefaites, Charles VI étant devenu fou, l'affaire ne put avoir de suites et Béthencourt resta impuni.

Jean de Riville, qui s'était montré si complaisant dans cette affaire des clercs, n'en tomba pas moins, à son tour, dans les serres de l'impitoyable seigneur. Il avait pris à fleffe, de Béthencourt, pour 140 livres tournois par an, la garenne de Grainville, lapins, lièvres et perdreaux. Il fut constaté qu'il avait dévasté cette garenne et le dommage ne fut pas évalué à moins de 400 livres (environ 18,000 fr. de notre monnaie). Pour payer une si grosse indemnité, Riville vendit à Béthencourt la plus grande partie de ses biens, en s'en réservant, toutefois, l'usufruit, ainsi que celui de la garenne de Grainville (1).

A cette époque, les Canaries servaient de point de mire à tous les pirates, et on regardait comme indispensable de les rattacher au continent par la conquête. C'est à Béthencourt que devait revenir l'honneur de cette entreprise. Il pouvait compter, d'ailleurs, sur de bons appuis en Espagne : son oncle, Robert de Braquemont, nommé maréchal de France en 1417, ayant rendu de grands services au roi de Castille, était devenu l'époux de la fille de Pedro Gonzalès, grand-maître de la maison royale ; cette situation lui donnait une grande influence à la Cour.

Quand Béthencourt eut décidé cette expédition, il demanda audit Robert de Braquemont la somme dont il avait besoin. Celui-ci lui prêta sept mille livres tournois, à condition de recevoir en gage les seigneuries de Grain-

(1) Note de M. Gravier, « Le Canarien, » introduc., page XLV.

ville et de Béthencourt, lesquelles devaient devenir sa propriété si la somme entière ne lui était pas remboursée dans un délai convenu.

Notre sire quitta le château de Grainville au commencement de 1402 pour se rendre à la Rochelle, et là, il mit à la voile pour « faire la conquête et conversion des Canaries. »

Nous ne suivrons pas le conquérant dans son expédition ; disons seulement que, le 31 janvier 1405, il quitta ses îles pour revenir en Normandie. Il y eut, à l'occasion de son retour, de grandes fêtes au château de Grainville pendant huit jours. Voici la narration que nous fait, de l'une de ces fêtes, Guillaume de Martonne :

« Le jour de la fête de Saint-Jean-Baptiste, patron de notre sire, un souper splendide allait être servi dans la grande galerie qui occupait une aile entière du château. Des nattes jonchaient le plancher de cette salle de festin. Des trophées d'armes étaient appendus aux faisceaux des colonnes élégantes ornées de chapiteaux. La voûte élevée était divisée en compartiments d'azur par des nervures de pierres saillantes et dorées qui, se réunissant au centre, retombaient en culs-de-lampes découpées d'arabesques hardies. Outre les longues fenêtres en lancettes correspondantes aux arcades, une seule croisée ronde, de vitraux de couleurs éclatantes, resplendissait comme une auréole de gloire au-dessus de la tête du prince. Son fauteuil occupait le haut bout de la table en fer à cheval, gardée par quatre sergents en hoquetons (casaques) brodés, appuyés sur une masse d'armes. Derrière le fauteuil, était le sire sénéchal (ordonnateur du festin), sa blanche baguette à la main. Deux huissiers se tenaient à la porte et, distribués en haie de chaque côté de la salle, demeuraient les gardes, aux hallebardes damasquinées. La longue table était entourée extérieurement de bancs drapés, où devaient s'asseoir les convives dans l'ordre de leur âge et de leur rang, et l'intérieur du fer à cheval demeurait libre pour le service.

» On remarquait parmi les invités, amis, alliés ou voisins du héros de la fête, Guillaume Martel, seigneur de Bacqueville, et son fils ; le sire d'Estouteville et sa famille ; les sires de Houdetot, de Graville et de Bléville, et leurs épouses ; le prince d'Yvetot et sa femme ; le capitaine de Canyel ; les sieurs de Courcy, de Bailleul, de Clercy, d'Ouville, de Criquetot, etc. ; nombre de dames et damoiselles de ces maisons plus ou moins fameuses, et notamment Jeanne de Fayel, dame de Bréauté, châtelaine de Néville, et sa fille.

» Les deux religieux qui habitaient le château ayant béni solennellement la table, tous s'assirent aux vingt-cinq couverts qui marquaient la place de cinquante convives ; car les sexes étaient entremêlés, chaque couple n'ayant qu'une assiette, et il n'y avait point de chevalier qui n'eût une dame ou une damoiselle à son écuelle.

» Alors, des trompettes, des cors et des chanonceaux (clairons), placés au bas de la galerie, donnèrent le signal d'entamer le premier service.

» Après les potages, parurent les ragoûts, parmi lesquels on distinguait des oisons de Malvoisie, ce vin précieux que, grâce aux voyages de Béthencourt, on goûtait alors en Normandie pour la première fois ; des cailles au laurier et des viandes de boucherie ; des saumons de la Seine et *des truites de la Durdent* ; puis, des légumes cuits ou marinés pour exciter l'appétit, tels que la mauve et le houblon, salades aujourd'hui inconnues. Enfin, des bouillies et jusqu'à des carottes orangées et des pommes d'amour empourprées encombraient la table du festin.

» Pendant qu'on enlevait tous ces mets, les fanfares recommencèrent. Dans le second service, on apporta, au lieu de plats, les immenses tailloirs (tablettes) de pâte sur lesquels étaient dressés en pyramides toutes sortes de viandes rôties. Ces espèces d'édifices, que des valets robustes ne plaçaient qu'avec peine, avaient pour fondements des quartiers de porc et de veau, surmontés de lièvres et de lapins couchés côte à côte, que dominaient des faisans, des cicognes, des hérons, des butors, des cormorans entourés de cordons d'alouettes et de pigeons ; et, seul, au sommet, un paon au bec doré orné de toutes ses plumes rayonnantes. C'est alors que les écuyers et les pages, assistés de panetiers et de valets tranchants, n'avaient pas peu d'occupation pour changer de serviettes en même temps que d'assiettes et, à chaque plat, affiler les couteaux. Cependant, les échansons commençaient à verser fréquemment les vins d'Argenteuil, de Choisy, de Marly, de Saint-Cloud et de Suresnes, que dans ces temps on prisait autant que nous estimons les plus fameux vins de Bordeaux, de Bourgogne et de Champagne. Le festin continuait, et quatre ménestrels (poètes et musiciens), dans une tribune, s'accompagnant avec leurs rebets (violons), et leurs mandores, chantaient les exploits des Guillaume, des Robert, des Tancrède et des Guiscard (héros normands du moyen âge). On écoutait encore ce concert héroïque sans s'apercevoir que le second service était terminé. Les fanfares sonnent de nouveau. On enlève les gâteaux ou tailloirs de pâte, humectés du jus des viandes découpées, et le sénéchal, élevant sa baguette, ordonne qu'ils soient aussitôt distribués aux vassaux et au menu peuple du domaine de Grainville (gens de Grainville, Bosville et Hanouard accourus en foule) avec les corbeilles de pain qu'on ramasse de tous côtés. Les cris de Noël ! Noël ! accueillent au dehors les distributions de cette largesse usitée alors parmi les grands. Bientôt, aux sons de tous les instruments réunis, paraît le troisième service ou le dessert. Les pommes et les poires du pays de Caux, les rayons de miel du Bessin, les figues et les raisins de la Provence, entassés en pyramides dans des plats d'agent, les darioles (gâteaux d'amandes), les popelines et les talmondes (gâteaux sucrés), n'étaient pas l'unique fonds de ce somptueux service. Il était augmenté des brillantes oranges de l'Asie et du Portugal, des conserves d'Ananas et des citrons d'Afrique, fruits presque inconnus jusqu'alors dans cette contrée. De distance en distance, des pignolats (gâteaux montés) et des mets en sucrerie, où s'était ingénieusement développé l'art du blason, présentaient en couleurs naturelles les armoiries des convives les plus distingués. Au centre de la table, un lion énorme de pâte sucrée, couronné de violettes et assis sur un rocher de massepains, élevait la bannière azurée où brillaient les nouvelles armes conférées par le roi de Castille au chevalier conquérant. Les trompettes sonnent de nouvelles fanfares, on emplit tous les goblets de vin des Canaries, et tous les convives, se levant par un mouvement instantané, burent à la santé du glorieux conquérant de ces îles fortunées, où croissait un vin si délicieux.

» En savourant les confitures, on trinquait encore à la ronde à d'autres santés, et le silence recommençait, ou plutôt une douce causerie commençait à s'établir. Le Sénéchal lève sa baguette..... Soudain, un rideau, qui cachait le fond de la galerie, se sépare au son des flûtes et des trompettes, et les acteurs du banquet, devenus spectateurs sans quitter leurs places, fixent leurs regards étonnés sur un théâtre dressé en face du fauteuil du roi-châtelain.

» La décoration de cette scène représentait les bords d'une île inconnue que les flots d'une mer factice baignaient en partie. La terre était couverte de verdure. Des branchages de buis, de houx à feuilles piquantes, etc., groupés et plantés en buissons ; des guirlandes de lierre avec leurs grappes violâtres, des feuilles de glaïeuls et de roseaux, ajustées sur de grosses perches fichées dans le plancher revêtu de mousse et parsemé d'éclatantes fleurs artificielles, imitaient, d'une manière assez vraisemblable, es végétaux et les bosquets toujours verts des îles fortunées. Pour accroître la surprise des spectateurs

émerveillés, une quantité prodigieuse d'oiseaux de toute espèce, perchés sur ces arbres simulés, à l'ouverture du rideau, prennent leur essor, éblouis par l'éclat des lumières, et se répandent en voltigeant dans toute la longueur de la galerie. Derrière les arbres paraissait l'ouverture d'une grotte et, dans le fond de la scène, au-delà des flots, on apercevait d'autres îles, parmi lesquelles s'élevait, à une hauteur considérable en apparence, le fameux pic d'Aya-Dirma, d'où s'échappait de temps en temps une flamme brillante, suivie d'une fumée aromatique dont l'odeur agréable parfumait tout l'appartement : c'était l'île de Chinérife, appelée Ténériffe par les Européens ! Mais, de la grotte et du milieu des bosquets, sortent six hommes et six femmes à demi-vêtus de peaux, qui bientôt ouvrent les danses tour à tour grottesques et gracieuses. Tandis que leurs gestes égaient les spectateurs, l'un des sauvages aperçoit, dans le lointain sur la mer, un point noir qui grossit à vue d'œil. Il le montre à ses compagnons qui cessent leur divertissement et expriment leur inquiétude. L'objet s'approche. C'est un vaisseau avec ses voiles et ses cordages et, sur le pont, une multitude de guerriers ! A cette vue, les sauvages, frappés de terreur, se réfugient dans leurs bois ; le vaisseau change de direction et se perd derrière les rochers. Bientôt, reparaissent les naturels en plus grand nombre et tous armés de frondes, de massues et de boucliers. En frappant en cadence sur leurs armes, ils forment une danse guerrière et, se tournant vers le rivage, ils paraissent attendre et défier l'ennemi. Deux canots prennent terre ; voilà les chevaliers normands, cinq guerriers avancent en combattant, aidés de leurs soldats, et ils repoussent les efforts des sauvages qui, après plusieurs assauts, sont contraints de s'avouer vaincus. Ceux-ci se prosternent et rendent hommage aux conquérants qui leur accordent la paix......................
....»

Quand toutes les réjouissances furent terminées, les nobles invités prirent congé dudit seigneur, lequel, avant de les quitter, leur fit savoir que, le plus tôt possible, il retournerait en Canare (aux Canaries) avec le plus de gens du pays qu'il pourrait.

Les Bouvillais aux Canaries. — Plusieurs gentilshommes présents s'offrirent, notamment un nommé Richard de Grainville, seigneur du Hanouard, parent du conquérant, et un nommé *Jean de Bosville* (1), lesquels furent acceptés ainsi que plusieurs autres chevaliers. Mais Béthencourt ne se contenta pas de ces recrues ; il voulait surtout emmener des gens du menu peuple, des hommes de métier et des gens de labour. « Quand ils y seront, dit-il, il ne faut pas douter qu'ils se trouveront en bon pays pour vivre bien aises et sans grande peine de corps ; et ceux qui y viendront, je leur donnerai assez de terre pour labourer si ils veulent prendre cette peine. Il y a beaucoup de gens en ce pays qui n'ont un pied de terre et qui vivent à grand'peine, et s'ils veulent venir par-delà, je leur promets que je leur ferai tout le mieux que je pourrai, et même beaucoup plus qu'aux gens de Canare qui se sont fait chrétiens. »

Bientôt après, tout le pays sut que monseigneur de Béthencourt voulait emmener avec lui gens de tous métiers, gens mariés et à marier. Il s'en présenta jusqu'à trente chaque jour qui s'offraient sans demander aucuns gages ; même il y en avait qui étaient contents de porter leurs provisions de vivres. Ledit seigneur ne prit que des gens de bien ; il réunit 160 hommes : il y en eut onze de Grainville, *trois de Bosville ;* et les autres étaient de Hanouard, de Beuzeville et de quelques autres villages des environs.

(1) C'est au moment de partir pour cette expédition que Jean de Bosville vendit son domaine à l'écuyer Pierre le Cauf.

« Béthencourt manda à tous ses amis et voisins qu'il partirait le quinzième jour de mai et que le premier jour du même mois, il paierait sa *bien-allée*. Les chevaliers et gentilshommes se trouvèrent à jour dit au château de Grainville, et là furent reçus dudit seigneur qui leur fit grande chère ; *il il eut moult dames et damoiselles, et dura la fête et la chère trois jours accomplis !*

» Et au quatrième jour, le dit seigneur partit de Grainville et s'en alla attendre ses compagnons à Harfleur. Le sixième jour, tous furent réunis et, trois jours après, ils se mirent en mer et eurent vent à désir. »

L'expédition arriva à l'île Lancelot en peu de temps ; « trompettes sonnaient ainsi que clairons et tambourins, harpes et toutes sortes d'autres instruments : on n'eût pas ouï Dieu tonner de la mélodie qu'ils faisaient. » Les Canariens étaient tout ébahis, et Béthencourt ne savait point avoir amené tant d'instruments ! mais il y avait beaucoup de bonnes gens qui en avaient apporté avec eux en cachette. Ces habitants de l'île, qui avaient reconnu le roi, vinrent aussitôt au rivage et le reçurent avec de grandes démonstrations de joie.

« Et quand monseigneur de Béthencourt fut arrivé à terre, il ne faut pas demander si tout ce peuple lui fit grande chère ; les Canariens se couchaient devant lui, croyant lui faire le plus grand honneur qu'ils pouvaient. »

Nos Bosvillais et leurs compagnons étaient enchantés de voir ce beau pays et ils regardaient avec ébahissement ces Canariens vêtus seulement de houppelandes de cuir. « Ils mangèrent de ces dattes et de ces fruits du pays, qui leur semblaient si bons, et ils ne se firent aucun mal. Ils ne savaient quoi dire, sinon qu'ils étaient contents, et encore le seront-ils plus quand ils verront l'île d'Erbenne ou Fortaventure. »

Après quelques combats dans les îles qui n'étaient pas encore entièrement soumises, Béthencourt s'occupa de l'organisation de sa conquête :

« Il donna à chacun de ses compagnons part et fortune de terres, de manoirs et maisons, et cela si sagement qu'il n'y eut nul qui ne fût content. »

Il les exempta d'impôts pendant six ans et, au bout de ce temps, ils devaient payer, comme les habitants, le cinquième de tout produit.

Pensons que nos compatriotes vécurent heureux dans leur nouvelle situation et qu'ils ont laissé une nombreuse postérité dans ces îles charmantes que Pline a baptisées du beau nom de fortunées !

Béthencourt quitta son royaume le 15 décembre de la même année pour n'y plus revenir. Il en confia l'administration à son neveu Maciot qui finit par se rendre impopulaire en commettant toutes sortes d'exactions, et surtout en faisant enlever, pour les vendre comme esclaves, des hommes vaincus qu'il devait protéger (1).

Avant de rentrer en Normandie, le roi des Canaries se rendit à Rome pour demander au pape de bien vouloir instituer un évêque dans ses îles, ce qui lui fut accordé. Il prit avec lui, pour ce voyage, Jean de Bosville et six autres gentilshommes ; il leur donna à chacun un emploi selon ses facultés : Jean de Bosville dut être cuisinier, d'autres furent palefreniers, valets de chambre, etc.

Notre héros, étant de retour à Grainville, reçut les visites et les présents de toute la noblesse du pays, et des fêtes magnifiques eurent lieu au château à cette occasion.

Mais les chagrins domestiques devaient bientôt troubler tant de bonheur !

Un jour, à la fin d'un joyeux festin, sa femme, qui était jeune et gaie, lui dit en plaisantant : « Il eût été plus raisonnable que j'eusse épousé Monseigneur votre frère (Morelet) et que vous eussiez été le mari de ma sœur (la

---

(1) Le roi d'Espagne, suzerain des Canaries, annula les droits de la famille de Béthencourt sur ces îles par arrêt du 30 juin 1454.

femme de Morelet), car elle est plus vieille que moi, et vous, Monseigneur, votre frère est plus jeune que vous. »

Un affreux soupçon traversa l'esprit de Béthencourt : il crut que son frère et sa femme s'aimaient et le trompaient peut-être !

Entrant alors dans une violente colère, il brûla toutes les plus belles robes de la malheureuse dame en sa présence et la fit enfermer, à Béthencourt, dans « une prison tout amurée et où on lui faisait passer à boire et à manger. » Il chassa son frère, le déshérita en grande partie, et vécut dans l'isolement ! Une réconciliation eut lieu cependant, et la captive put enfin être délivrée, mais elle ne survécut pas longtemps à son malheur ! A son lit de mort, Béthencourt regretta vivement le mal qu'il avait fait à sa femme et à son frère, dont l'innocence ne laissait aucun doute.

Le 13 juin 1419, alors que presque toute la noblesse normande abandonnait ses domaines pour rester fidèle à la France, le conquérant des Canaries faisait hommage au roi d'Angleterre pour tous les biens qu'il possédait au baillage de Caux.

Deux ans plus tard, il rendait au même monarque anglais l'aveu suivant de la seigneurie de Grainville :

« Je tiens du Roy, notre souverain seigneur, à cause de sa comté de Longueville, un fief de haubert entier, nommé Grainville-la-Teinturière, qui s'étend es paroisses dudit lieu de Grainville, Hanouard, Bosville, etc., et es parties d'environ Eu, baillage de Caux, en la dite comté de Longueville et en la vicomté de Caudebec, dont le chef-mois est le chastel dudit lieu de Grainville ; auquel fief m'appartient plusieurs patronages d'églises, c'est à savoir : Bosville, Hanouard et la cure dudit lieu de la Maladrerie de Grainville, toutes fois que le cas échoit ; et se revient icelle terre en bois, prés, moulins, terres labourables et autres rentes en deniers grains, etc., et garenne en toute ma dite terre de lapins, lièvres et autres bêtes et oiseaux et semblablement de poissons ; et avec ce m'appartient la visitation, correction et punition de toutes manières de denrées et marchandises, tant en icelle ville que fréquentant en icelle, comme de boulangers, foulons, *telliers*, drappiers, cordonniers, bouchers, taverniers, tanneurs et tous autres ouvriers de quelque état et condition qu'ils soient, avec la court et usage en moyenne et basse justice, treizièmes, reliefs, aides, forfaitures et toutes autres telles seigneuries généralement comme à fief noble de haubert appartient, comme dessus est dit ; duquel fief est dû au Roy, notre dit seigneur, quand le cas le requiert, l'hommage de bouche et de main, reliefs, treizièmes, le droit de garde quand le cas s'offre ; et avec ce en dois, une fois en ma vie seulement, en temps de guerre, aider à garder la porte du chastel de Longueville par l'espace de quarante jours à advenant semonce, pour ainsi que mes hommes tenants dudit fief me doivent aider à ce faire, en ma décharge, selon que chacun est tenant. »

Notre sire n'ayant pu racheter dans le délai voulu les biens qu'il avait engagés avant d'entreprendre sa première expédition, son oncle, Robert de Braquemont, prit en 1411 le titre de seigneur de Grainville et se mit en possession de cette terre ; mais il fut lui-même bientôt forcé d'emprunter, sous forme de constitution de rente viagère, une certaine somme à Jean de Clère, seigneur de Goupillière. Le paiement de cette rente ayant été interrompu, Georges de Clère, fils du précédent, se fit adjuger la terre de Grainville.

Tout cela n'empêcha pas Béthencourt, fort de la protection du roi d'Angleterre, de rentrer en possession de son ancien domaine après en avoir fait hommage, comme nous venons de le voir, au souverain ennemi de la France.

Il rendit pieusement son âme à Dieu, en 1425, à Grainville, et il fut enterré dans l'église de cette paroisse (l'ancienne église), « tout devant le grand-autel ». (1)

Après la mort du roi des Canaries, Aldonce de Braquemont, fille de Robert de Braquemont et femme de Pierre de Rouville, sans plus se préoccuper des de Clère, se saisit du fief de Grainville ; mais elle transigea, en 1426, avec Regnault de Béthencourt (Morelet), frère et héritier de Jean.

L'affaire ne devait pas se terminer ainsi, car, après l'expulsion des Anglais, Georges de Clère revendiqua Grainville ; puis, comme certains vices de forme lui étaient opposés, il finit par abandonner ce fief, contre une somme de 2,000 livres, à Jacques de Rouville, fils de Pierre, archidiacre d'Eu.

Les Rouville (2)

Jacques de Rouville

Ce seigneur embrassa l'état ecclésiastique et devint chanoine et archidiacre d'Eu en l'église métropolitaine de Rouen. Devenu propriétaire du fief de Grainville, il put,

---

(1) Le château de Grainville a été détruit à une époque que nous ne pouvons préciser (peut-être sous Richelieu) et, de sa splendeur passée, nous n'avons connu qu'un vieux pan de mur entouré de ronces et de roseaux. La masure qui renfermait cette précieuse ruine ayant été en grande partie nivelée en 1893, il ne reste plus aujourd'hui, comme monument de la gloire de Jean de Béthencourt, que l'inestimable manuscrit de famille, « Le Canarien », publié par M. Gravier, à qui nous nous sommes permis d'emprunter la plus grande partie des documents ci-dessus.

(2) Le premier de cette famille qui nous soit connu s'appelait tout simplement Jean, et il avait reçu le surnom de Gougeul, probablement parce qu'il était grand pêcheur de goujons. Son petit-fils, Jean, devint propriétaire d'un moulin à Pont-de-l'Arche. Après avoir hérité d'un de ses oncles, il acquit roturièrement les fiefs d'Alisay et de Rouville (près Pont-de-l'Arche). Devenu riche,

comme nous l'avons vu, acquérir la terre de Bosville, laquelle fit définitivement retour au domaine de son suzerain. Il mourut le 27 janvier 1491 en laissant ses biens à son neveu Louis de Rouville qui suit.

Louis de Rouville

Louis de Rouville, seigneur de Rouville, Grainville, *Bosville*, etc., chevalier, conseiller et chambellan du roi, fut pourvu à la charge de grand-veneur de France, par lettres données à Angers le 6 août 1488, et le roi lui fit don, en cette qualité, de 875 livres à prendre sur les francs-fiefs d'entre Seine et Yonne ; mais cet office lui fut retiré en 1496. Il fut ensuite nommé bailly et capitaine de Mantes, en 1500, et rétabli en sa charge de grand-veneur en 1506. François Ier l'institua grand-maître enquêteur et réformateur des eaux et forêts de Normandie et de Picardie en 1519 et, enfin, lieutenant-général au gouvernement de Normandie, par lettres du 8 mai 1525. Il ne jouit pas longtemps de cette dignité, car il mourut l'année suivante en laissant, de son mariage avec Suzanne de Coësme, François de Rouville qui suit et trois autres enfants, dont une fille, Renée de Rouville, fut abbesse de Saint-Saens.

François de Rouville

François de Rouville, seigneur de Rouville, Grainville, *Bosville*, etc., maître d'hôtel du roi, chevalier de son ordre, maître enquêteur et général réformateur des eaux et

---

il voulut être noble et, à cet effet, il obtint de Charles-le-Bel, au mois de décembre 1329, que ses domaines seraient tenus à seule foi et hommage. Il se fit alors appeler Jean Ier de Rouville et épousa Péronnelle des Essards, fille de Martin des Essards, maître des comptes de Paris. Il adopta comme blason : d'azur, semé de billettes d'or, à deux goujons adossés de même. Son arrière-petit-fils fut ce Pierre de Rouville qui épousa Aldonce de Braquemont et devint le père de Jacques de Rouville, archidiacre d'Eu, qui suit.

forêts de Normandie et de Picardie, lieutenant de la Vénérie, mourut en 1550. Il avait épousé Louise d'Aumont dont il eut Jean de Rouville qui suit et quatre autres enfants.

Jean de Rouville

Jean de Rouville, seigneur de Rouville, Grainville, Bosville, etc., gentilhomme de la chambre du roi, lieutenant du gouvernement de Normandie, rendit de grand services aux rois Henri II, Charles IX et Henri III. Il mourut au siége de Paris, en 1589, en voulant se sauver de la prison où il avait été enfermé par les ligueurs. Il eut, de son mariage avec Madeleine Le Roy, Jacques II de Rouville qui suit et deux autres enfants.

Jacques II de Rouville

Jacques II de Rouville, seigneur de Rouville, Grainville, Bosville, etc., gentilhomme ordinaire de la chambre du roi et son lieutenant-général aux baillages de Rouen et d'Evreux en 1575, mourut avant son père en laissant à sa femme, Diane Le Veneur (fille de Taneguy Le Veneur et de Madeleine de Pompadour) un fils, Jacques, troisième du nom, qui hérita des biens de son aïeul, et quatre autres enfants dont une fille, Madeleine, se fit religieuse de l'ordre des Carmélites de Rouen.

Jacques III de Rouville

Jacques III de Rouville, seigneur de Rouville, Grainville, Bosville, etc., gouverneur de la ville de Château-Chinon, chevalier d'honneur de Marie de Bourbon, duchesse d'Orléans, mourut en 1628. Il avait épousé Antoinette Pinard qui lui donna François II de Rouville qui suit et quatre autres enfants.

François II de Rouville (dit le marquis de Rouville)

François II de Rouville porta le titre de marquis de Rouville et rendit aveu des seigneuries de Rouville, Grainville et Bosville, en 1633; mais, en 1684, ayant contracté des dettes, il fut obligé de vendre tous ses biens. Le châtellenie de Grainville, comprenant les seigneuries de Grainville et de Bosville, fut alors acquise par Pierre II de Becdelièvre. (1)

LES BECDELIÈVRE (2)

Pierre II de Becdelièvre

Ce seigneur était le frère de Geneviève de Becdelièvre, femme de Balthazar Lemarinier, seigneur de Cany-Canyel, Barville, etc.

Le 3 juin 1683, il acquit de Balthazar Lemarinier, son beau-frère, la seigneurie de Cany-Barville. L'année suivante, il devenait propriétaire, comme nous venons de le voir, de la châtellenie de Grainville, et enfin, le 30 juin 1713, il devint seigneur de Cany-Canyel, réunissant ainsi dans sa main un domaine assez considérable.

Chevalier, marquis d'Ocqueville et de Quevilly, président à mortier au Parlement de Normandie, puis premier président honoraire à la Chambre des comptes de cette province, Pierre II présenta aveu et dénombrement de la terre de Cany le 17 avril 1723. Il avait épousé Françoise le Boultz et il mourut le 14 octobre 1726, en laissant sa succession à son neveu Claude de Becdelièvre, fils aîné de son frère Thomas. Ses restes furent inhumés dans la

(1) La famille de Rouville avait fondé la chapelle d'Alisay, et une grande partie de ses membres y ont été inhumés. Ni Grainville ni Bosville ne possède les restes d'aucuns d'eux.

(2) La maison de Becdelièvre, originaire de Bretagne, est connue depuis le XIIIe siècle. Parmi les nombreuses branches qu'elle a fournies, celle de Normandie fut la plus riche en biens et en dignités ; elle descendait de Charles de Becdelièvre, qui servit sous Anne de Bretagne. Le fils aîné de Charles de Becdelièvre, René de Becdelièvre, fut nommé garde des sceaux près le Parlement de Rouen et épousa successivement deux héritières de Normandie. Pierre II de Becdelièvre, qui acquit la châtellenie de Grainville, était l'arrière petit-fils de René de Becdelièvre.

chapelle de l'hospice de Grainville, qu'il avait fondé en 1692 et confié à des religieux de Saint Jean-de-Dieu en 1704.

Claude de Becdelièvre

Claude de Becdelièvre, marquis de Quevilly et d'Ocqueville, vicomte de Blosseville, puis président à mortier au Parlement de Normandie, succéda à son oncle comme seigneur de Grainville, Bosville, etc. Il se maria deux fois et mourut le 8 octobre 1728 sans laisser d'enfants. Ses biens revinrent à son frère Louis, septième des fils de Thomas de Becdelièvre.

Louis de Becdelièvre

Louis de Becdelièvre, conseiller au Parlement de Normandie, se qualifia marquis de Cany, bien que cette terre n'eût jamais été érigée en marquisat. Il se maria quatre fois et mourut le 4 novembre 1740, en ne laissant qu'un seul enfant, Pierre-Jacques-Louis de Becdelièvre qui suit.

Pierre-Jacques-Louis de Becdelièvre

Pierre-Jacques-Louis de Becdelièvre, né le 20 avril 1718, rendit foi et hommage au roi de tous ses biens le 7 août 1745. Il acquit la sergenterie royale de Cany le 22 juin 1754 et réunit ainsi dans sa main toutes les juridictions de sa seigneurie. Il avait épousé, le 1er septembre 1723, Charlotte Paulmier de la Bucaille et il mourut le 5 octobre 1771, en laissant un fils, Anne-Louis-Roger de Becdelièvre, qui suit, et trois filles.

Anne-Louis-Roger de Becdelièvre

Anne-Louis-Roger de Becdelièvre naquit le 13 avril 1739. Il fut successivement page du roi, lieutenant et capitaine de dragons, chevalier de Saint-Louis et brigadier des armées royales. Devenu seigneur de Cany, Grainville, Bosville, etc., après la mort de son père, il présenta, en 1785, aveu et dénombrement de la baronnie de Cany-Canyel. Il vécut jusqu'au 26 juin 1789 et laissa, de Marie Boutren d'Hattenville, dame de Catteville, deux filles,

Armande-Louise-Marie et Marie-Henriette, qui se partagèrent sa succession.

Les Montmorency-Luxembourg

Armande-Louise-Marie de Becdelièvre eut dans son lot le château de Cany et ses environs (Cany, Grainville, Bosville, Ocqueville, etc). (1) Elle avait épousé, le 18 janvier 1789, Anne-Christian de Montmorency-Luxembourg, comte de Luxembourg.

En 1792, son mari ayant été porté sur la liste des émigrés, elle eut recours à la loi du divorce pour sauver sa fortune de la confiscation ; mais elle n'en fut pas moins, plus tard, emprisonnée avec sa sœur comme aristocrate. Le château de Cany ayant été mis en réquisition, elle obtint, en 1795, qu'il lui fût restitué. Elle réussit également, en 1801, à faire rayer son mari de la liste des émigrés et put alors, en 1802, contracter un nouveau mariage avec lui devant l'officier de l'état-civil. Le comte de Luxembourg, devenu duc de Beaumont, mourut en 1825.

La féodalité ayant été abolie par le décret d'août-novembre 1789, Anne-Christian de Montmorency-Luxembourg fut le dernier seigneur et patron de Bosville.

§ 2. — Le Huitième de Fief de Bieurville

Le premier seigneur de Bieurville qui nous soit connu est Pierre du Sel, écuyer, que nous trouvons possesseur de cette terre en 1484.

Ledit seigneur soutint sans succès un procès contre Jacques de Rouville, archidiacre d'Eu, pour le patronage de l'église de Bosville. Il mourut en 1502, laissant plusieurs filles dont l'aînée épousa Robert de Pardieu, seigneur de Boudeville.

---

(1) Marie-Henriette eut le reste de la baronnie (Canville, Bourville, Anglesqueville, Angiens, Autigny, Bénesville, etc).

Les propriétaires de cette terre nous sont ensuite inconnus jusqu'en 1669, époque où nous la trouvons aux mains du chevalier Charles de Moy.

Les Moy (1)

Charles de Moy. — La Chapelle de Bieurville

Charles de Moy, chevalier, seigneur de Bieurville, ne nous est connu que par la fondation d'une chapelle, convertie aujourd'hui en bâtiment rural et située dans la masure de la ferme occupée présentement par M. Henry Honoré.

Nous reproduisons ci-dessous les pièces originales concernant ladite chapelle :

Requête pour être autorisé à construire la Chapelle (1669) :

« A Monseigneur,

» Monseigneur illustrissime et religieusissime archevêque de Rouen, primat de Normandie, supplie humblement Charles de Moy, chevalier, seigneur de Bieurville,

---

(1) Jacques de Moy, gouverneur des eaux et forêts de Normandie et de Picardie, gouverneur de Saint-Quentin, avait épousé, en 1510, Jacqueline d'Estouteville, qui lui donna Charles de Moy qui suit.

Charles de Moy, premier du nom, chevalier seigneur de la Mailleraye, gentilhomme ordinaire de la chambre du roi, était, en 1536, vice-amiral de France et gouverneur du pays de Caux. Il eut pour successeur son fils Jacques de Moy.

Jacques de Moy, deuxième du nom, conseiller d'Etat, capitaine de 50 hommes d'armes et chevalier des ordres du roi, épousa Françoise, dame de Bertreville, qui lui donna Louis de Moy qui suit et plusieurs autres enfants.

Louis de Moy, chevalier du Saint-Esprit, seigneur de la Mailleraye, capitaine de 100 hommes d'armes, lieutenant-général au gouvernement de Normandie et gouverneur du Vieux-Palais de Rouen, mourut d'apoplexie en 1637. Il fut le frère de Charles de Moy, deuxième du nom, aux mains de qui nous trouvons la terre de Bieurville en 1669.

à vous remontrer que son manoir seigneurial de Bieurville étant éloigné d'un espace très considérable de l'église paroissiale, et y ayant un chemin très fâcheux, particulièrement en hiver, il aurait fait bâtir une chapelle dans son dit manoir pour y faire célébrer, sous votre bon plaisir, le saint sacrifice de la messe ; et, pour cet effet, aurait dessein de passer contrat de rente de fondation pour y faire dire les messes spécifiées dans le contrat qui en sera fait.

» A ces causes, Monseigneur, il vous plaise permettre l'établissement de ladite chapelle à la célébration du saint sacrifice de la messe en ycelle, pour la dévotion du suppliant et de sa famille.

» A nous l'obligation de prier Dieu pour votre santé et prospérité.

» DE MOY ».

Contrat de Fondation : (1)

« Le 18 avril 1669 est comparu haut et puissant seigneur messire Charles de Moy, chevalier, marquis dudit lieu, seigneur de Richebourg, la Fouillie, Bieurville et autres lieux, capitaine au régiment des gardes de sa Majesté, demeurant en son manoir seigneurial de Bieurville ; lequel a fondé en l'honneur et service de Dieu, la Sainte-Vierge et tous les saints du Paradis, en la chapelle de Bieurville, soixante messes basses par an, à perpétuité, une chaque dimanche, soit cinquante-deux ; cinq autres les cinq bonnes fêtes de la Vierge ; une le jour de Sainte-Anne ; une autre le jour de Saint-Charles Borromée, sous la protection desquels saints, Anne et Borromée, est placée ladite chapelle, et la dernière messe le jour de saint Nicolas.

» Ces messes seront dites par les prêtres ou chapelains que ledit seigneur fondateur, ses hoirs et ayant droit désigneront. »

(1) Extrait des registres du tabellionnage de l'archevêché de Rouen.

Pour la fondation ci-dessus, le seigneur de Moy a donné trente livres tournois de rente foncière par an en raison de dix sols par chacune desdites messes. Pour laquelle somme, ledit seigneur donne hypothèque sur toute la terre de Bieurville et spécialement sur une pièce de terre en labour, contenant quatre acres environ, située au Clos-Bouet, bornée : d'un côté et d'un bout, ledit seigneur fondateur ; d'autre côté, la sente tendant du Baudrouart à Bosville, et d'autre bout, par le sieur du.... *(illisible).* »

» De Moy. »

Consentement du Curé de Bosville :

« Nous François de Rouville, prêtre, conseiller aumônier du Roy, prieur de Saint-Pierre et Saint-Antoine d'Alisay et curé de la paroisse de Bosville, consentons une chapelle à Bieurville, hameau de ladite paroisse de Bosville, construite pour la commodité et dévotion du seigneur dudit Bieurville, de la dame sa femme, de sa famille et de ses domestiques, sans les dispenser du devoir de paroissiens dans l'église dudit Bosville, à condition que nul autre de nos paroissiens ne pourra faire célébrer le saint sacrifice de la messe dans ladite chapelle, ni assister à ceux qui y seront célébrés, si ce n'est pour raison d'infirmités, et que nul prêtre n'y pourra administrer aucun sacrement, ni y dire la messe, sans être agréé de nous.

» Fait à Bosville, le 24 d'avril 1669.

» François de Rouville. »

Avant d'accorder l'autorisation demandée par le seigneur de Bieurville, l'archevêché fit procéder à une information, laquelle fut faite par François Regnault, archiprêtre et doyen de Canville. Après avoir pris connaissance de l'affaire, ledit doyen procéda à la visite des lieux où la chapelle devait être construite. Son avis ayant été favorable, ladite chapelle put être édifiée, puis approuvée et livrée au culte, conformément aux prescriptions ci-dessus.

Le 30 avril 1683, l'archevêque Colbert, se trouvant en tournée pastorale à Bosville, se rendit à la chapelle de Bieurville, et sa visite donna lieu au procès-verbal suivant :

« Nous..... Colbert, archevêque de Rouen..... accompagné de..... et de Marin Riout, prêtre habitué à Bosville (1), sommes arrivés à la chapelle de Moy et avons procédé à la visite d'ycelle de la manière qui suit :

» Premièrement, nous avons visité les ornements, missels et autres choses servant à la célébration du saint sacrifice de la messe. Nous avons ensuite visité l'édifice qui était en bon état, à la réserve de la couverture qui était en paille. Nous avons finalement demandé si ladite chapelle était fondée et quel en était le revenu, et le fermier du sieur de Moy nous aurait répondu que la fondation était de deux messes par semaine, qui n'étaient célébrées que pendant le temps que ledit sieur de Moy était présent en sa terre. Et ledit fermier, ni aucun autre, n'ayant pu nous représenter les titres et fondations de ladite chapelle, ni aucune permission d'y dire la messe, nous l'avons déclarée interdite et défendu à tous ecclésiastiques, séculiers ou réguliers, d'y célébrer la sainte messe jusqu'à ce qu'il nous eût apparu de la fondation de ladite chapelle et de l'administration de son revenu.

---

(1) La présence d'un prêtre habitué à Bosville n'était pas un fait accidentel : il y en avait même deux à l'état permanent. Leur rôle était soit de remplir les fonctions de vicaire, soit d'acquitter certaines fondations que le bénéficiaire ne s'était pas réservées. Ces prêtres étaient appelés par le curé dans un but déterminé ; mais, quand ils étaient agréés par le seigneur patron et approuvés par l'achevêché, ledit curé ne pouvait ni leur retirer leurs fonctions, ni les révoquer, sans avoir recours aux tribunaux ecclésiastiques.

Ordonnons à notre promoteur de tenir la main à l'exécution de notre dite ordonnance et de faire fermer la porte de ladite chapelle jusqu'à ce qu'il en soit autrement ordonné. Et notre présente ordonnance sera signifiée au fermier du lieu et affichée à la porte de l'église de ladite paroisse, afin que personne n'en prétende ignorance.

» Fait et adressé audit sieur de Moy, en présence de Marin Riout, prêtre habitué à Bosville, et Charles Bénard, fermier du sieur marquis de Moy.
» COLBERT. »

Il faut convenir que Monseigneur Colbert n'était pas bien au courant des archives de son archevêché pour dresser ce fulminant procès-verbal contre une chapelle qui, comme nous venons de le voir, était régulièrement fondée et ouverte au culte depuis quatorze ans.

Le marquis de Moy, instruit de ce qui s'était passé, fit une réclamation basée sur les preuves indiscutables que nous connaissons, et il parvint sans peine à faire lever l'interdit dont sa chapelle avait été frappée.

Quelques années plus tard, la terre de Bieurville fut mise en vente et alla aussi se confondre avec les grands domaines de la famille de Becdelièvre.

§ 3. — La Terre de Ruville

Le premier seigneur de Ruville qui nous soit connu est Georges du Crocq.

Georges du Crocq — La Chapelle de Ruville

Georges du Crocq, écuyer, sieur d'Orgeville, fonda en 1655 la chapelle de Ruville en l'honneur de Saint-Hubert.

La dite fondation fut faite pour la commodité personnelle de ce gentilhomme, « attendu, dit la demande d'autorisation, que son manoir seigneurial est à une demi-lieue de l'église de Bosville et que les chemins pour s'y rendre sont très difficiles. »

Après la constitution d'une rente assurant le service du chapelain, l'archevêché fit procéder à l'information d'usage par Robert Amelin, doyen de Canville, et, à la suite d'un avis favorable, ladite chapelle fut construite, puis approuvée par François de Harlay, et enfin ouverte au culte pour les dévotions particulières dudit seigneur de Ruville, de sa famille et de sa maison.

Visite de la chapelle de Ruville par ordre de l'archevêque d'Aubigné, en 1714. Procès-verbal :

« La dite chapelle est dans une masure d'un nommé Blondel, bourgeois de Dieppe, détachée de tout autre bâtiment; laquelle aurait environ quatre acres de terre (1), à charge d'une messe les fêtes et dimanches, acquittées par le sieur Tharel, prêtre de Bosville. La pierre de l'autel est bonne ; deux chasubles passables, dont l'un est de diverses couleurs et l'autre violet ; le calice est bon aussi bien que le linge, cependant sans contretable et couverte de paille. »

Présentation au bénéfice chapelle de Ruville, par acte passé devant le notaire apostolique de l'archevêché de Rouen le 13 janvier 1748 :

« Messire Guillaume-Pierre Lechevalier, écuyer, seigneur d'Etran, Brétigny, Tibermont et Grèges, conseiller, maître ordinaire en la cour des comptes, aides et finances de Rouen, propriétaire d'une ferme nommée Reuville, en la paroisse de Bosville, présente au bénéfice chapelle de Saint-Hubert de Ruville, maître François Baillet, ecclésiastique du diocèse de Lisieux, etc. »

Par l'ensemble des documents concernant ladite chapelle, nous voyons : 1° que le petit domaine seigneurial de Ruville était, en 1714, aux mains d'un bourgeois de Dieppe, nommé Blondel, et que les du Crocq, sieurs d'Orgeville, n'en étaient plus propriétaires à cette époque ;

(1) Cette terre est encore appelée aujourd'hui « La Chapelle. »

2° que, lors de la présentation du sieur François Baillet au bénéfice chapelle de Saint-Hubert de Ruville, en 1748, cette terre était possédée par Guillaume-Pierre Lechevalier, seigneur d'Etran et autres lieux.

A l'époque révolutionnaire, l'ancienne seigneurie des du Crocq appartenait à Noël-Jacques Lecœur, qui fut le premier maire de la commune de Bosville.

§ 4. — La Terre de Touffrainville

L'histoire du domaine de Touffrainville (comprenant Touffrainville, Pancheville et Calvaille) nous est tout à fait inconnue : nous trouvons seulement, au XVe siècle, la mention d'un sieur du Castel, seigneur de Touffrainville.

§ 5. — Les Seigneurs haut-justiciers de Bosville ; les Prisons de Cany-Canyel

Après la conquête de la Normandie par Philippe-Auguste, en 1204, une partie des seigneurs refusa de rendre hommage au nouveau suzerain, et leur terres durent alors faire retour au domaine royal.

Le seigneur de Cany-Canyel se trouvant au nombre des rebelles, tous ses biens furent confisqués et annexés aux propriétés de la Couronne.

« En 1370, les comtes d'Alençon et du Perche possédaient le château de Josselin, en Bretagne. Charles V, désirant s'assurer cette position stratégique, afin de tenir en respect le duc de Bretagne, proposa à ses cousins de l'échanger contre les seigneuries d'Exmes et de Cany-Canyel. La proposition fut acceptée et les lettres patentes d'échange portent la date du 24 mai de la même année.

» En ce qui concerne la châtellenie de Cany-Canyel, le droit de haute justice figure dans ledit échange, notamment sur le ressort des deux sergenteries de Cany et de Canville. »

Cependant, en 1534, le roi François Ier crut pouvoir prendre sur ces deux sergenteries pour l'érection d'une haute justice en faveur du duché d'Estouteville. Les seigneurs de Cany-Canyel ne cessèrent de protester contre cette mesure qu'ils considéraient comme une atteinte portée à leurs droits. En résumé, toute la question reposait sur l'interprétation de l'acte de 1370 et principalement sur l'assiette des deux sergenteries de Cany et de Canville à cette époque.

Nous aurons à revenir sur cette importante affaire à laquelle un enfant de Bosville, Jean-Baptiste-Michel Cherfils, fut activement mêlé ; qu'il nous suffise présentement de dire que la paroisse de Bosville fut comprise dans ladite érection, et que des sergents royaux y vinrent *faire assavoir* aux habitants qu'ils auront dorénavant à se pourvoir, *à Valmont*, devant la haute justice du duché d'Estouteville.

Les malheureux Bosvillais, poussés d'une haute justice à l'autre, ne se trouvèrent fixés en fait à celle de Cany-Canyel qu'à la fin du dix-septième siècle, et un arrêt, rendu en 1775 par le Parlement de Normandie, confirma à Cany-Canyel les droits de haute justice sur les deux sergenteries de Cany et de Canville, c'est-à-dire sur les 54 paroisses suivantes :

1º Sergenterie de Cany : Angiens, Anglesqueville, Autigny, *Bosville*, Barville, Bourville, Cailleville, Cany, Sainte-Colombe, Crasville, Drosay, Ermenouville, Flamanville, Gueutteville, Hautot-l'Auvray, Héberville, Herville (Oherville), Ocqueville, Houdetot, Ingouville, Manneville-ès-Plains, Mesnil-Durdent, Mesnil-Geffroy, Néville, Paluel, Plaine-Sève, Saint-Requier-ès-Plains, Sasseville, Saint-Sylvain, Saint-Vaast-Dieppedalle, Saint-Valery, Tonneville, Veauville-Lesquelles, Vittefleur.

2º Sergenterie de Canville : Admesnil, Anfreville, Beaudribosc, Bénesville, Berville, Canville, Carville, Criquetot-sur-Ouville, Doudeville, Etalleville, Fultot,

Gonzeville, Harcanville, Ouville-l'Abbaye, Prétot, Robertot, Routes, Viquemare, Yvecrique.

La seigneurie et haute justice de Cany-Canyel passa de la famille d'Alençon dans celle des du Bec, rentra dans la famille d'Alençon, passa ensuite aux Bourbon, aux Reffuge, aux Bréauté de Néville, aux Lemarinier, et enfin aux Becdelièvre.

« A côté de cette haute justice féodale, il existait, à Cany, une haute justice ou baillage royal d'où ressortissaient les causes des trois sergenteries de Cany, Canville et Grainville (1) pour tous les cas qui n'étaient pas de la compétence des hautes justices seigneuriales. »

Les deux juridictions siégeaient dans le même prétoire et avaient des prisons communes. Nous possédons, au sujet de ces prisons (A. S.-I., C. 200), une lettre adressée par le lieutenant général du baillage royal de Cany au directeur des bâtiments civils ; en voici le texte :

« Monsieur, j'ai l'honneur de vous informer du mauvais état des prétoire et prisons du baillage de Cany ; vous m'aviez flatté, il y a environ quinze mois, que vous

---

(1) La sergenterie de Grainville forma d'abord la haute justice féodale de Grainville-la-Teinturière sous la dépendance du duché de Longueville ; mais, en 1754, par suite de la réunion de ce duché au domaine de la Couronne, cette haute justice fut annexée au baillage royal de Cany. Ladite sergenterie comprenait les 40 paroisses suivantes :
Ancretteville-sur-Mer, Ancourteville, Angerville-la-Martel, Auberville, Bertheauville, Bertreville, Beuzeville-la-Guerard, Bondeville, Butot, Canouville, Claville, Cleuville, Criquetot-le-Mauconduit, Crosville, Eletot, Ecretteville, Gerponville, Grainville, Hanouart, Sainte-Hélène, Malleville, Saint-Martin-aux-Buneaux, Mautheville-sur-Durdent, Normanville, Ouainville, Saint-Ouen-au-Bosc, Ourville, Saint-Pierre-en-Port, Riville, Rouxmesnil, Sassetot-le-Mauconduit, Senneville, Somesnil, Therouldeville, Theuville-aux-Maillots, Thiouville, Valecrist, Vénesville, Veulettes, Vinemerville.

donneriez vos ordres pour les faire rétablir. L'espérance que j'ai eue en leur exécution m'a fait suspendre toutes plaintes pour ne pas me rendre auprès de vous importun ; mais, monsieur, soit que vous ayez perdu de vue cet objet, soit que vos ordres aient été sans exécution, nos prétoire et prisons ne sont pas moins prêts à s'écrouler faute de réparations et de réédifications ; aussi, monsieur le procureur du Roy, qui s'aperçoit que nous n'allons plus pouvoir tenir nos audiences dans le prétoire, fatigué des plaintes journalières du geôlier qui se trouve forcé, dans les mauvais temps, d'abandonner sa geôle, exposé aux menaces des prisonniers à cause des eaux qui séjournent dans les prisons, sans cesse tourmenté par les prisonniers des deux sexes confondus ensemble, n'y ayant qu'un seul estre de prison, m'a-t-il présenté un réquisitoire tendant à faire dresser procès-verbal des réparations et réédifications en question... et je suis persuadé qu'une fois certain du mal, vous vous prêterez à nous mettre dans le cas de rendre la justice avec décence et à nous tranquilliser sur la garde des prisons.

« Bradéchal.

» Cany, le 27 mai 1771. »

Le 1er juillet suivant, le même lieutenant général écrivait de nouveau pour rappeler la lettre ci-dessus, et il ajoutait : « J'ai été forcé de dresser, il y a quinze jours, procès-verbal d'un bris de prisons occasionné par l'évasion de deux prisonniers. »

Les agents royaux établirent enfin le devis des réparations qu'il était urgent d'effectuer ; mais les travaux n'étaient pas encore commencés en 1780, et la difficulté ne fut résolue, à la fin de cette même année, que par la démolition complète du bâtiment et sa reconstruction sur un terrain appartenant au marquis de Cany. Voici ce que nous trouvons à ce sujet dans le dénombrement de 1785 :

« Droit de cohue ou prétoire audit Cany (1), cédé par l'échange de 1770 et détruit en l'année 1780 pour faciliter l'entrée du bourg et le passage de la grande route de Dieppe au Havre, remplacé et réédifié avec les matériaux de l'ancien que nous avons cédés à sa majesté (2), sur un terrain à nous appartenant (c'est le marquis de Cany qui parle), le tout aux conditions suivantes : 1° que les travaux seront conduits par les officiers du baillage de Caux et ceux de la haute justice de Cany-Canyel appartenant audit sieur marquis ; 2° que les officiers de ladite haute justice tiendront à perpétuité leurs audiences dans ledit auditoire (3), et qu'ils auront l'usage et l'inspection des prisons pour leurs justiciables ; 3° que le geôlier sera commun entre eux et les officiers de sa majesté ; 4° que la tenue des audiences des officiers de sa majesté sera fixée à commencer à dix heures jusqu'à midi, et que celles des officiers de la haute justice commencera à midi, suivant l'usage observé jusqu'à présent ; 5° qu'il sera fait deux chambres à feu dans la bâtisse de l'auditoire, lesquelles serviront de chambre du conseil et de greffe pour chaque juridiction ; 6° que, pour les réparations et l'entretien des prisons et de l'auditoire, il en sera usé comme par le passé.

» Les audiences de la haute justice auront lieu à Cany

---

(1) Ce prétoire était situé près des Halles, probablement à l'endroit où se trouve actuellement l'étude de M⁰ Langlois, notaire.

(2) C'est l'Hôtel-de-Ville actuel de Cany. Le dit édifice coûta 44,000 livres qui furent imposées par le roi sur les paroisses du baillage de Cany. La part contributive de Bosville fut fixée à 1,045 livres.

(3) Ces audiences avaient lieu dans la magnifique salle actuelle de la mairie de Cany. La décoration primitive de cette pièce a été changée, car nous trouvons, dans le mémoire de l'architecte, que le pourtour était peint en gris et blanc, que les tableaux et les lambris étaient peints en bleu et blanc, et que *le tout était parsemé de 297 fleurs de lys jaunes.*

chaque lundi, et à Canville le mardi, de quinzaine en quinzaine. »

La haute justice de Cany-Canyel avait un auditoire à Canville pour les justiciables de la sergenterie de ce nom, mais elle n'y possédait pas de prisons, de sorte que les condamnés de Canville devaient être transportés dans celles de Cany.

Dans ce même dénombrement de 1785, nous trouvons le puissant seigneur haut-justicier de Cany-Canyel et Canville en possession des droits suivants : « Droit de percevoir à notre profit (c'est toujours le marquis de Cany qui parle) les amendes prononcées par les officiers de notre haute justice, tant au civil qu'au criminel. »

« Droit de garenne, chasse et pêche, en l'étendue de ladite haute justice. » — Sur le territoire entier de 54 paroisses — (1).

« Droit de *police générale et particulière* dans le bourg et paroisse de Cany et dans le bourg de Doudeville, comme dans tous les autres bourgs et paroisses de la sergenterie de Cany et de Canville, auquel nous avons été maintenu et confirmé par arrêt du Parlement de Normandie, contradictoirement rendu entre nous et messieurs les juges du baillage royal de Cany, le 16 mai 1781. »

---

(1) Le seigneur haut-justicier pouvait chasser sur tout le territoire soumis à sa juridiction avec un équipage aussi nombreux qu'il lui plaisait, et quand il lui plaisait, mais à condition qu'il fasse partie de la chasse. En son absence, ses représentants n'avaient aucun droit sur les fiefs particuliers situés dans le ressort de sa haute justice.

CHAPITRE III

L'Eglise — La Paroisse

La plus grande incertitude règne sur le nom des fondateurs de l'église de Bosville et sur l'époque de sa fondation.

D'après l'abbé Cochet, l'église actuelle « fut construite au XII⁰ siècle avec du tuf, et il ne reste plus de ce temps que le clocher sur le portail. » Mais, en parlant de la fondation de l'église de Bosville, nous entendons la création de l'autel primitif ou chapelle rurale de ce village, car il y a tout lieu de penser que Bosville, qui a dû être évangélisé par saint Sanson dès le VI⁰ siècle, n'est pas resté sans temple depuis cette époque jusqu'à la construction de l'église actuelle.

Le document le plus ancien nous révélant l'existence de l'église de Bosville a été rédigé vers l'année 1250, sous Eudes Rigaud, archevêque de Rouen, et publié récemment par M. Léopold Delisle ; en voici la traduction : « De l'église de Bosville, le seigneur de Grainville est patron ; la cure vaut 40 livres (1) ; le sieur Pierre, qui est le curé

(1) Le chiffre de 40 livres qui est assigné à la cure de Bosville paraîtrait dérisoire de nos jours ; mais, en réalité, il était assez considérable à une époque où l'on avait un bon cheval pour 4 livres, un porc ou un veau pour 3 sols, etc. Nous pouvons, d'après ces données, évaluer approximativement le revenu réel de cette cure vers le milieu du XIII⁰ siècle : en effet, un bon cheval de labour coûte, aujourd'hui, en moyenne, 500 fr. Comme, au XIII⁰ siècle, on pouvait acheter un cheval de même qualité pour 4 livres, 4 livres de cette époque représentaient donc 500 fr. d'aujourd'hui, ce qui revient à dire que la cure de Bosville équivalait à 5,000 fr. de nos jours.

actuel, a été présenté par ledit seigneur et agréé par l'archevêque Eudes ; 30 paroissiens. » (1)

Donc, vers le milieu du XIIIe siècle, les seigneurs de Grainville possédaient le patronage de l'église de Bosville : ils étaient, par conséquent, les représentants des fondateurs de ladite église.

Nous ne possédons pas les pièces nécessaires pour suivre pas à pas la paroisse de Bosville dans sa vie particulière, et nous ne pouvons que communiquer, en suivant l'ordre chronologique, les quelques documents épars que nous avons recueillis à ce sujet.

D'après les rôles de la débite, Bosville possédait environ mille habitants vers 1310. La population avait donc quintuplé en soixante ans. Cette augmentation a été générale en France pour la deuxième moitié du XIIIe siècle et la première moitié du XIVe.

1495. Mort de Jean Eterlin, curé de Bosville et d'Ecalles-Alix, chanoine de Rouen. Par son testament, il veut être enterré dans l'église Saint-Nicolas de Rouen, dans la nef, devant l'autel où il avait fondé une messe perpétuelle. Ce curé, qui était chanoine et possédait deux bénéfices, habitait Rouen où il est mort : il n'est peut-être jamais venu à Bosville ; il se contentait de faire exploiter ou d'affermer ses cures et d'en toucher les revenus. Quant au service divin, il le faisait accomplir à bon marché par quelque pauvre prêtre à portion congrue. C'est ainsi que se passaient ordinairement les choses à cette époque ; un curé n'était pas obligé de rester dans sa paroisse ; avec une dispense de résidence, qui était toujours accordée, il pouvait n'y jamais paraître. Il a été délivré 351

---

(1) Par 30 paroissiens, on entendait 30 chefs de famille en état de participer aux charges de la communauté. En comptant cinq membres par famille, ce qui est le chiffre généralement adopté, nous arrivons à une population de 150 individus, et, en y ajoutant les familles indigentes, nous pouvons évaluer le chiffre total de la population à 250 habitants.

dispenses de ce genre dans le diocèse de Rouen en 1470 (A. S.-I., G. 148).

En cette même année 1495, d'après les états dressés par l'archevêché, la paroisse de Bosville était redescendue à environ 300 habitants, ce qui s'explique par les calamités de la guerre de cent ans.

La Confrérie de Saint-Sanson

Les pestes qui désolèrent la France pendant une grande partie du moyen âge ont donné naissance aux confréries de charité. En ces temps calamiteux, lorsque le fléau s'abattait sur une contrée, la crainte de la contagion faisait abandonner les cadavres des pestiférés, lesquels, restant sans sépulture, augmentaient encore l'intensité du mal.

L'Eglise vint alors au secours de la Société en fondant, dans les campagnes, des « confréries d'enterreurs, » devenues plus tard des confréries de charité. Une de ces Sociétés fut instituée à Bosville à une époque très reculée ; nous trouvons ses statuts révisés à la date du 2 mars 1586 (A. S.-I., G. 1668) et nous croyons devoir en donner la transcription :

« Statuts de la confrérie de Saint-Sanson de Bosville : Comme de longtemps et ancienneté, il a été érigé et fondé en l'église paroissiale de Bosville.... une confrérie en l'honneur de Saint-Sanson, laquelle a été jusqu'à présent servie en ycelle église sous plusieurs saintes et dévotes ordonnances et statuts appouvés par Messieurs les grands vicaires de Monseigneur l'archevêque de Rouen, l'année 1526. Lesquels ordonnances et statuts, revus et mûrement délibérés par les prévost et frères de la dite confrérie, ont désiré pour l'avenir que la dite confrérie fut érigée en charité pour être desservie sous l'invocation et en l'honneur de la Très-Sainte-Trinité, de la Sainte-Vierge, Saint-Sanson et Saint-Nicolas. Pourquoi les dits prévost, échevins et frères de la charité ont fait et arrêté les statuts et ordonnances qui suivent, et le tout par la permission de Monseigneur le cardinal de Bourbon, archevêque de Rouen :

» Premièrement, qu'on ne recevra dans ladite charité que des personnes de bonne vie et réputation, lesquelles personnes seront reçues par le chapelain de ladite charité qui leur fera prêter serment d'observer tous les statuts et ordonnances suivantes :

» Item, premier lieu, il y aura douze frères et un porte-croix dans ladite charité et confrérie, dont le premier sera notre prévost et le second porte-bannière, deux porte-cierge et huit porte-corps ;

» Item, chaque frère *et sœur* sera obligé de comparaître en l'église de Bosville au jour de Saint Sanson, qui est le vingt-huitième juillet, ou le dimanche suivant, pour payer son siège qui est de deux sols, et chacun pour son entrée paiera douze deniers, et le tout au profit de ladite charité et confrérie ;

» Item, chaque frère et sœur qui sont de la paroisse de Bosville seront obligés d'observer dorénavant les fêtes de la Très-Sainte-Trinité, de Saint-Sanson et de Saint-Nicolas, et il sera célébré, dans lesdits jours, une messe chantée en note aux dépens de la confrérie ;

» Item, chaque frère et sœur sera obligé de dire pour tous défunts de ladite charité, au jour de Saint-Sanson, trente fois *Pater* et trente fois *Ave Maria* ; ceux qui savent lire pourront dire les sept spaumes avec les litanies de tous les saints, et les prêtres dire chacun une messe à la même intention ;

» Item, s'il trépasse quelqu'un desdits frères et sœurs, les amis avertiront le prévost, lequel fera sonner *la grosse cloche* de la paroisse *par treize fois*, afin d'assembler les confrères pour aller inhumer le corps du défunt, lesquels frères seront accompagnés du chapelain de ladite confrérie ;

» Item, ladite charité ne sera obligée de passer une lieue pour les inhumations, et dans ledit espace d'une lieue, les frères ne se refuseront d'assister à l'inhumation des défunts de la charité, *fussent-ils morts de peste ou autres maladies contagieuses*, sur la peine de vingt sols d'amende au profit de ladite charité ;

» Item, lesdits frères seront obligés de célébrer tous les dimanches de l'année une messe à note, à l'honneur de la Très-Sainte Trinité, avec un *Libera* à la fin de la messe, lequel *Libera* sera chanté tous les premiers dimanches des mois *sur la tombe du dernier frère trépassé* ;

» Item, s'il arrive quelque accident à quelqu'un des frères et sœurs, soit feu ou autre manière, et qu'il soit en nécessité, chaque frère et sœur sera en obligation de lui subvenir selon son pouvoir dans ses nécessités ;

» Item, s'il arrive quelque discorde entre lesdits frères et sœurs, le prévost et les échevins *apaiseront le bruit et les mettront d'amitié* ;

» Item, si aucuns frères et sœurs veulent être affranchis à ladite charité, ils donneront un écu, une fois payé, et seront participants à toutes les prières ;

» Item, tous les douze frères de ladite charité seront revêtus de surplis et tunique dans toutes les cérémonies, messes et inhumations, où ils seront obligés d'assister ;

» Item, le lendemain de la Saint-Sanson, ou le lundi suivant, le prévost fera dire une messe pour tous les défunts de la charité, où tous les frères assisteront s'ils n'ont excuse légitime, après laquelle messe ledit prévost rendra son compte et les papiers de ladite charité entre les mains du prévost nouvellement élu, et tout cela en la présence de M. le curé de ladite paroisse ; le même jour, il sera procédé à l'élection d'un nouveau prévost, porte-bannière et porte-cierge, et tout cela chacun à son tour ;

» Item, s'il meure quelqu'un des treize frères, les autres seront obligés de lui faire dire chacun une messe, et le frère qui sera reçu aux lieu et place du défunt aura aussi la même obligation.

» Fait et signé, etc. »

De l'examen de cette pièce, il ressort qu'il se trouvait dans cette charité non seulement treize frères servants, mais encore des frères et des sœurs participants. Notre opinion devient une certitude par l'examen des archives de ladite confrérie. Nous y trouvons, en effet, presque tous les paroissiens de Bosville, un grand nombre de Barville, Gralnville, Veauville, Saint-Vaast, Hanouart, Hautot-l'Auvray, Hocqueville, Routes, Doudeville, Herville, Flamanvillette, Pleine-Sève, Cany, Robertot, Crasville-la-Mallet et Admesnil.

Tous ces associés, hommes et femmes, se réunissaient de temps en temps à Bosville pour assister aux messes célébrées à leur intention ; de plus, lorsqu'il se trouvait dans la paroisse une grande inhumation, les frères servants de la charité de Saint-Sanson invitaient les confréries du voisinage, qui arrivaient processionnellement et revêtues de leurs insignes.

Cet état de choses était devenu à peu près général, et ces sortes de réunions donnèrent lieu à de nombreux abus — insubordination dans l'église, *beuveries monstres et autres déréglements* — auxquels l'autorité ecclésiastique se vit obligée de porter remède. Nous trouvons à ce sujet le document suivant :

« Ordonnance de Monseigneur le Cardinal de Larochefoucauld, archevêque de Rouen, concernant les confréries :

« Du 16 décembre 1779,

« Dominique de Larochefoucauld, etc.....

« Vu le réquisitoire du promoteur général de notre diocèse, expositif des abus, qui sont arrivés trop souvent, des sortes de confréries de charité en paroisses voisines : 1° avons défendu et défendons, par les présentes, aux confréries de charité ou autres qui se trouvent érigées dans les paroisses de notre diocèse, d'appeler aux inhumations aucuns confrères de paroisses voisines. Défendons pareillement aux confréries qui se trouvent ainsi appelées de se rendre à l'invitation qui leur serait faite, sous peine d'interdit ; comme aussi aux chapelains desdites confréries de les y conduire ou accompagner, sous peine de suspense ;

» 2° Ordonnons à tous curés et vicaires de s'opposer, autant qu'il est en eux, à l'excursion de leurs confréries dans les paroisses voisines, ainsi qu'à l'assistance d'une confrérie étrangère aux inhumations qui se feront dans leurs paroisses............... ;

» 3° Permettons, néanmoins, dans les paroisses où il n'y a point de pareilles confréries, d'en inviter une seule de quelque paroisse circonvoisine.............. ;

» 4° Permettons pareillement aux habitants de chaque paroisse de s'associer à des confréries étrangères, à l'effet de participer aux prières, bonnes œuvres, messes, services et autres biens spirituels de cette association.......... »

Présentation de François de Rouville, à la cure de Bosville, par François de Rouville, seigneur et patron de cette paroisse :

« A très-révérend père en Dieu, Monseigneur François de Harlay, archevêque de Rouen..., etc..., François de Rouville, seigneur dudit Rouville, Bosville, Grainville et autres lieux, salut et douce révérence ;

» La cure dudit Bosville, pays de Caux, en votre diocèse, à laquelle, quand vacation advient, le droit de nommer et présenter à nous appartient à cause de notre terre et seigneurie de Bosville, et à vous la collation, provision et toutes autres dispositions à cause de votre dignité archiépiscopale, étant à présent libre et vacante par la mort et trépas de feu messire Michel d'Orinal, dernier possesseur d'icelle. Nous, à ladite cure, avons nommé et présenté, nommons et présentons François de Rouville, clerc du diocèse de Tours — un parent à lui — (1), idoine et

(1) Bien que rangé dans la catégorie des droits honorifiques du patron, le droit de présenter un prêtre à l'évêque, quand une

capable pour tenir régie, gouverner et administrer ladite cure. Vous priant et requérant très humblement de vouloir recevoir et admettre iceluy, par nous à vous présenté et nommé, et lui donner et conserver ladite cure et lui faire délivrer et expédier toutes lettres de collation et provision nécessaires, sauf votre droit et l'autrui en toutes choses.

» En témoin de quoi nous avons signé, fait apposer le cachet de nos armes et fait contresigner par Landréau, notre secrétaire.

» L'an mil six cent cinquante-un, le 7ᵉ jour de juin.

» François de Rouville. » — « Landréau. »

Le susdit clerc, agréé par l'archevêque, resta en possession de la cure de Bosville jusqu'à sa mort. Il fut inhumé dans le chœur de l'église de cette paroisse et, sur son tombeau, fut placée l'inscription suivante relative à une fondation du 5 mars 1673 : « Cy-gist messire François de Rouville, conseiller et aumônier du roi, prieur d'Alisay et curé de Bosville, lequel a donné au trésor de l'église de Bosvile 300 livres de rentes, aux charges de faire célébrer six messes par semaine......... ; 50 livres de rentes pour marier, chaque année, une pauvre fille dudit lieu, et 100 livres pour œuvres charitables. »

Jacob Pradon, que nous trouvons ensuite comme curé de Bosville, ne fit que passer dans cette paroisse : il demanda et obtint un bref du Pape l'autorisant à céder sa cure à Charles Jean, clerc tonsuré du diocèse de Bayeux, ce qui fut également accepté par François de Rouville, seigneur et patron de Bosville, le 15 mai 1678.

Le nouveau curé donna lieu, en 1681, à la plainte

cure devenait vacante, était souvent un véritable avantage matériel pour le seigneur patron. En effet, un fils cadet ou un parent quelconque pouvait être désigné de droit et, de cette façon, une grande partie des revenus attachés à la cure entraient dans la famille dudit patron sans que, pour cela, le nouveau titulaire soit obligé de résider dans sa paroisse.

suivante de la part d'un sieur Marin Riout, prêtre habitué de la paroisse :

« A Monseigneur illustrissime et révérendissime archevêque de Carthage, coadjuteur de Rouen, je soussigné, Marin Riout, prêtre habitué de l'église de Bosville, vous supplie très-humblement et vous remontre qu'ayant été chargé, par sentence du greffier de Cany, il y a tantôt dix-huit mois, de faire la fonction de trésorier, suivant l'usage ordinaire, je me serais vu obligé, conformément à ladite sentence et pour satisfaire mon devoir, de faire plusieurs diligences contre les comptables, ayant remarqué que, depuis l'année 1647 jusqu'à celle de 1667, il n'y aurait eu aucuns comptes rendus, et que, depuis ladite année 1667, il y en aurait encore trois à rendre, lesquels ont été examinés par la suite. Mais comme le sieur curé de ladite paroisse n'était pas content de ce que je travaillais à ce qu'il était obligé de faire lui-même, et que je l'aurais encore engagé à rendre compte du bien et revenu des pauvres dont il n'aurait fait que la moindre dispensation, que je lui aurais fait rapporter sept cents de pavé destiné pour l'église, avec la chaux et le sable qu'il aurait appliqué à paver l'une de ses chambres, et que je l'aurais aussi empêché de prendre l'ardoise destinée à la nef de l'église et de laquelle il voulait se servir pour couvrir le chœur de la même église (1), il aurait été si fort indigné contre moi qu'il aurait pratiqué toutes sortes de moyens pour m'éloigner et me faire perdre les rétributions des messes que je célébrais en ladite église par la délibération des

---

(1) Les réparations du chœur des églises étaient à la charge des décimateurs, tandis que celles de la nef devaient être supportées par les paroissiens ; ledit curé, touchant la totalité des dîmes de sa paroisse, se trouvait donc obligé d'entretenir, à ses frais, le chœur de son église et il ne pouvait, par conséquent, employer à cet effet l'ardoise destinée par les paroissiens au reste de l'édifice.

paroissiens, comme aussi d'une fondation comme titulaire de quarante écus de revenu, avec mon logement, dans laquelle j'aurais été établi par le sieur curé et trésoriers pour en jouir pendant ma vie, et ce dans le dessein d'en revêtir son vicaire qui s'attache à ses sentiments et du frère duquel il se sert pour faire tous les exploits contre moi, m'ayant déjà fait faire plusieurs procès sans néanmoins en tirer aucun avantage, ayant au contraire toujours succombé parce qu'il les faisait sans fondement.

» Et, comme cette voie ne lui réussissait pas, il a excité sa sœur contre moi à me proférer plusieurs injures *jusques dans l'enceinte du sanctuaire, au scandale de tous les paroissiens*, qui en ont même conçu de l'horreur autant qu'ils avaient d'aversion pour toutes les démarches et procès auxquels ils n'ont voulu donner aucune adjonction, quoiqu'il ait toujours ménagé leurs esprits, *en faisant boire les uns et les autres*.

» Cependant, il paraît qu'il poussa la passion encore plus loin, m'ayant fait assigner, par exploit du 30 août dernier, devant le juge de Cany, pour mettre au coffre du trésor le registre des nominations des trésoriers, sur le prétexte de leur faire rendre compte, prétexte sans doute inventé ou plutôt un artifice qu'un véritable motif : Premièrement, parce qu'il sait qu'il n'y a point de nominations depuis 1647 jusqu'à 1667, et qu'il n'y a que des baux détachés, que j'ai fait relier, qui puissent faire connaître ceux qui ont géré ; encore cela se réduit-il à deux ou trois personnes seulement, ne se trouvant point de preuves contre les autres.

» En second lieu, il doit être informé que j'ai fait rendre les trois comptes que l'on aurait négligé de rendre depuis 1667, en présence du vicaire. C'est aussi ce qui a donné lieu à ma réponse, signifiée le 10 de ce mois, que j'étais prêt à remettre non seulement le registre, mais encore toutes les autres pièces, quoique je puisse, avec justice, m'en défendre parce qu'elles me sont nécessaires pour achever l'exercice de ma charge. J'ai aussi déclaré, par le même exploit, que cela n'était point de la compétence du juge royal, mais de celle de M. l'official, conformément aux ordonnances que vous avez rendues sur la matière.

» Cependant, ledit sieur curé, qui ne cherche qu'à me fatiguer, a pris deux défauts contre moi, ce qui m'a obligé de comparaître pour en prévenir l'effet et pour avoir le temps de recourir à votre autorité, Monseigneur, et réclamer votre protection contre le dessein que ledit curé a formé de me perdre, à l'instigation du vicaire qui serait bien aise de me dépouiller des rétributions qui me sont assignées et dont je dois jouir paisiblement, pour s'en rendre le maître et s'en accommoder.

» Et, comme il n'y a rien dans la présente requête qui ne puisse être justifié à suffisance, si votre Grandeur veut bien prendre la peine d'examiner cette affaire, ou de nommer un commissaire qui en examinera les circonstances et connaîtra les vexations desdits sieurs curé et vicaire et la sincérité de ma conduite, j'espère que vous arrêterez toutes les poursuites qui sont faites contre moi et que vous donnerez un ordre certain et tel que la conséquence des articles de la présente requête le désire, afin que je puisse faire en sûreté toutes les actions de mon ministère, comme aussi bien celles qui regardent le trésor, que le scandale soit réparé et que lesdits sieurs curé et vicaire se tiennent dans leur devoir.

» RIOUT. »

Ensuite est écrit :

« Ordonné que ledit curé de Bosville comparaîtra devant nous, à Caudebec, mercredi prochain, 7 octobre, huit heures du matin, pour être ouï sur les faits et articles énoncés en la présente requête : cependant, défense à lui de faire aucunes poursuites contre le dit complaignant.

» A Caudebec, le 29 septembre 1681.

» JACQUES, *Vic.*, *arch. de Carthage, coadjuteur de Rouen.* »

Le curé de Bosville, à qui cette pièce fut retournée, se rendit à Caudebec pour le jour dit et présenta, pour sa défense, un mémoire dont voici, en substance, les principaux arguments :

Le sieur Riout a été nommé trésorier par le greffier de Cany, par suite d'intrigues personnelles et contre l'assentiment des habitants. Il est incapable de remplir cette charge, et sa situation pécuniaire ne lui permet pas de donner les garanties suffisantes pour répondre de sa gestion. Une rente de cinquante livres par an a été fondée pour marier une fille pauvre de la paroisse, *mais il ne s'en trouve pas dans ce cas*, et c'est à cause de cela que le vicaire a reçu cette somme pour la distribuer aux pauvres, selon qu'il le jugera bon : le sieur Riout l'en ayant empêché, le dit vicaire a dû le faire assigner. Le dit sieur Riout ne doit pas continuer de faire le service des fondations parce qu'il ne remplit pas les conditions exigées par les fondateurs.

En ce qui concerne les matériaux destinés aux travaux de l'église, le sieur curé prétend qu'il les a pris avec la promesse d'en fournir d'autres à la place, ce qu'il a fait huit jours après. En ce qui est des comptes du trésor, le curé constate qu'il est vrai qu'on a oublié d'en rendre trois, mais il dégage sa responsabilité pour ceux antérieurs à sa gestion. Enfin, comme conclusion, il demande aussi une enquête (A. S.-I., G. 1665).

L'archevêché ne dut pas donner entièrement tort au sieur Riout, car nous trouvons le procès-verbal suivant rédigé deux ans après :

« Visite pastorale du 30 avril 1683 (par Colbert). — Eglise de Saint-Sanson de Bosville : Il y aura des livres de chant du diocèse et des armoires pour les ornements, linges et autres meubles ; les messes seront dites successivement : il en sera dit une à six heures. Tous les bancs non fieffés et dont les particuliers ne sont pas en possession depuis vingt ans seront ôtés (1). *Le sieur curé s'informera de ceux qui ont géré le bien de l'église depuis 1646 jusqu'à 1667, et ils seront contraints de rendre compte* ; deux parties de rente, savoir : une de 32 livres et l'autre de 27 livres, en principal, seront remplacées au dépens du trésor ; le sieur Fôret paiera 12 livres et 18 sols, et *le curé de Veauville* (ancien trésorier de Bosville) la somme de 102 livres, reste de leurs comptes, *au sieur Riout*, qui en tiendra compte. Nous avons trouvé les choses en bon état. »

C'est ce même jour que l'archevêque Colbert se rendit à Bieurville, où il mit la chapelle seigneuriale en interdit.

En 1697, la cure de Bosville est occupée par un sieur Leterrier, sous le ministère de qui nous avons à signaler l'érection de la confrérie de N.-D.-du-Mont-Carmel et la fondation d'Anne Ballandonne.

Confrérie de N.-D.-du-Mont-Carmel

Cette confrérie n'avait pas pour but, comme la charité de Saint-Sanson, d'enterrer gratuitement les morts : c'était une association s'occupant d'œuvres purement spirituelles ; on pouvait lui demander de participer aux inhumations, mais, alors, on était obligé de la payer.

Le jour de sa fondation, le 4 juin 1697, elle possédait quatre acres une vergée de terre, sise à Bosville et acquise d'un sieur Lias, bourgeois de Rouen.

Les deniers de cette acquisition avaient été fournis comme suit : « 200 livres par M. de Riville, 50 livres par Mlle d'Orgeville, 50 livres par Mme Duhamel, bourgeoise de Rouen, 25 livres par le sieur Noël Simonne, le tout donné pour, par les sus-nommés, participer aux prières des fidèles associés à y celle et aux suffrages de l'église. »

---

(1) Les paroissiens établissaient leur banc à leurs frais ; ils en choisissaient l'emplacement qui leur était concédé à titre de fieffe, c'est-à-dire perpétuellement, mais moyennant une redevance annuelle.

De plus, l'année suivante, ladite dame Duhamel aumôna une somme de 200 livres pour racheter une rente de onze livres restée due de ladite acquisition, et ce aux charges par la confrérie de lui dire : « 1º les premiers dimanches de chaque mois, après vêpres, les litanies de la Sainte-Vierge qui seront chantées, ainsi qu'un *De Profondis* et une oraison des trépassés à la fin ; 2º aux cinq fêtes de la Vierge, aussi après vêpres, le verset *Ave Cujus*. En outre, la confrérie devra : 1º faire faire deux sermons, dans l'église de Bosville, sur l'avantage du scapulaire : un le jour de la purification de la Vierge, et l'autre le deuxième dimanche de mai. Il sera payé pour chaque sermon 25 sols (sous) au prédicateur ; 2º faire célébrer à son intention, le 24 mai, jour de Sainte-Jeanne, sa patronne, une grand'messe avec diacre et deux chapiers, laquelle messe devra être *sonnée en carillon*, tant la veille au soir que le matin ; 3º dans l'octave de la Toussaint, faire célébrer une messe des trépassés, à diacre et deux chapiers, avant laquelle sera chanté trois psaumes, trois répons et trois leçons. »

Les confrères conviennent entre eux que, le lendemain (lundi), de la grande fête du Mont-Carmel, il devra être célébré, à l'intention des frères portant chaperon associés à ladite confrérie, une haute messe à diacre et deux chapiers en l'honneur du Saint-Esprit jusqu'au décès d'un desdits frères, après quoi ladite messe continuera de se célébrer à l'intention des frères défunts, avec un *Libera* à la fin.

Enfin, en reconnaissance des deniers aumônés pour l'acquisition par les personnes sus-nommées, ladite confrérie s'engage à faire dire et célébrer annuellement, à leur intention, un service composé d'un nocturne et de trois hautes messes, la première du Saint-Esprit, la deuxième de la Sainte-Vierge et la troisième de *Requiem*, avec la prose *Dies illa*, *Dies iræ* et un *Libera* à la fin.

Noël Simonne fut nommé trésorier de la nouvelle

confrérie pour la durée de deux ans. Le compte qu'il rendit à la fin de sa gestion comprenait les recettes suivantes :

Jean Etienne, pour location de la terre achetée du sieur Lias....................................	80 livres
Biens aumônés audit trésor depuis la fondation...	23 l. 14 s.
Quêtes faites par les maisons pour l'établissement de la confrérie	26 l. 16 s.
Quête du plat dans l'église pendant les deux années	187 l. 14 s.
Assistance des frères à trois inhumations........	7 l. 16 s.

Noël Simonne retint devers lui 75 livres qu'il avait avancées pour parfaire le paiement de l'acquisition Lias.

Le reste des dépenses d'établissement comprenait :

Une bannière et une tunique.......................	12 l. 17 s.
Une croix d'argent achetée à Rouen par le président d'Ocqueville.................................	54 l. 10 s.
Une image de la Vierge.............................	9 l. 8 s.
Un tron...	9 l.
Un buffet	20 l. 4 s.
Un scapulaire et petits livres achetés par Madame du Fayel (1).....................................	5 l.

Le registre de la confrérie, dans lequel nous venons de puiser ces renseignements, fut donné par ledit Noël Simonne, trésorier.

En 1784, ladite confrérie possédait cinq pièces de terre en labour et joncs-marins, louées à un nommé Pierre Duboc et autres, et quatre acres de terre également en labour loués à un sieur Antoine Lucas (A. S.-I., C. 568).

Tous ces biens, devenus nationaux en 1789, ont été aliénés par la Révolution.

Fondation d'Anne Ballandonne

En entrant dans l'église de Bosville par la porte principale, on trouve, encastrée dans la muraille nord de la nef, une épitaphe ainsi conçue :

(1) Propriétaire de la ferme occupée actuellement par M. Amand Quertier.

« CY CIST

» Anne Ballandonne, femme en première nopce de Robert Bénard, et en seconde de Pierre Leclerc, laboureur de la paroisse de Beuzeville-la-Guerard. Laquelle a donné au trésor de cette église de Bosville la somme de 4,200 livres, aux charges de dire et célébrer six basses messes par chaque semaine, à perpétuité, par un prêtre auquel on paiera la somme de 200 livres par chacun an, et en outre 25 livres pour son logement ; à l'intention tant du dit Bénard que de la dite Ballandonne, leurs parents et amis vivants et trépassés, par contrat passé devant François Beuzebosc, notaire à Grainville-la-Teinturière, et Gédéon Dépinay, son adjoint, le 4º décembre 1701. Plus, elle a donné au susdit trésor de la dite église, où elle a désiré être inhumée, par autre contrat passé devant le dit Beuzebosc et Dépinay, le 4º novembre 1702, la somme de 2,000 livres, aux charges de faire dire et célébrer à son intention, de ses parents et amis vivants et trépassés, six services, par chacun an, de trois hautes messes avec un nocturne et trois psaumes, trois leçons et *Libera* à la fin, savoir : le 1ᵉʳ, le vendredi des quatre-temps de Saint-Mathieu ; le 2º, le vendredi des quatre-temps de Noël ; le 3º, le lendemain de la Nativité de la Vierge ; le 4º, le lendemain du premier dimanche d'octobre ; le 5º, le 20 décembre, et le 6º, le jour de son décès, qui est le 25º de juin 1719. A la fin desquels sera distribué, par M. le curé, aux pauvres de la dite paroisse qui y assisteront, la somme de quatre livres à chaque service ; aux charges aussi de faire placer une épitaphe dans la muraille à côté de sa tombe. Et ce du consentement du dit Leclerc, son second mari, qui a agréé les dites fondations, aux charges de participer aux prières et messes cy-cessus, par autre contrat passé devant Lecoq et Lefebvre, notaires à Rouen, le 13 mai 1713.

» Priez Dieu pour le repos de leurs âmes !

» *Requiescant in pace !* »

Possédant toutes les pièces relatives à cette affaire, nous pouvons la reconstituer entièrement :

Anne Ballandonne, veuve de Robert Bénard, était devenue la femme de Pierre Leclerc lorsqu'elle souscrivit lesdites fondations sans le consentement de son nouveau mari. Celui-ci contesta la validité de ces actes et intenta, à cet effet, un procès au trésor de l'église de Bosville. Tout cela dura une dizaine d'années, pendant lesquelles la discorde ne cessa de régner entre les deux époux. Enfin, Ballandonne quitta le domicile conjugal pour cause de mauvais traitements !

Leclerc signa alors la transaction suivante :

« Pour éviter un procès ruineux, pour entretenir la paix et la bonne intelligence entre les parties et ôter toute matière de querelle et division, le différend existant entre elles a été terminé à l'amiable, parce que Leclerc s'est soumis et obligé à ratifier toutes fois et quantes, par devant notaire, les fondations de 4,200 livres et de 2,000 livres faites au profit du trésor de l'église de Bosville par ladite Ballandonne, sa femme ; parce qu'il participera aux prières et sera censé fondateur, avec sa femme, de la fondation de 2,000 livres, renonçant à tout procès qu'il aurait fait pour le susdit ; promettant de n'inquiéter le trésor de Bosville, en quelque manière que ce soit, pour lesdites fondations ; parce que ledit trésor, pour sa part, ne pourra inquiéter ledit Leclerc de quelque manière que ce puisse être ; à charge aussi, par ledit Leclerc, d'abandonner à sa femme les cent livres de rente que le trésor lui fait pour lesdites fondations, par an, dont elle pourra disposer comme elle le jugera à propos, sans en rendre nul compte ; se soumettant, ledit Leclerc, ratifier toutes les quittances qu'elle a données aux fermiers et leur en tenir bon compte. Au moyen de quoi ladite Ballandonne, à la prière dudit Leclerc, son mari, qui la supplie de rentrer chez lui comme la maîtresse de la maison, sous promesse qu'ils vivront bien ensemble à l'avenir et qu'il obligera ses enfants et ses domestiques d'avoir du respect pour elle comme pour la femme et la maîtresse de la maison ; promettant, de sa part, de ne rien faire ni dire contre l'honneur ni les enfants de son mari, ce que ledit Leclerc, de sa part, a promis de même.

» Fait et arrêté à Beuzeville, chez M. Mouquet, laboureur, y demeurant, en présence de M. Michaud, prêtre à Cliponville, le 28 septembre 1712.

» *Signé* : P<small>IERRE</small> L<small>ECLERC</small>, *la croix de Ballandonne*, M<small>ICHAUX</small>, M<small>OUQUET</small>. »

Cette transaction fut régularisée, comme nous le voyons sur l'épitaphe, par acte passé devant Lecoq et Lefebvre, notaires à Rouen, le 13 mai 1713.

Anne Ballandonne étant décédée le 25 juin 1719, le curé de Bosville nomma, du consentement de Pierre de Becdelièvre, seigneur et patron de Bosville, le sieur Joseph Cabot, prêtre, pour acquitter les six messes par semaines stipulées dans la première fondation, et pour assister aux services formant l'objet de la seconde.

Le successeur de Leterrier fut Jean-Baptiste Hulin, curé d'Ouville-la Rivière, que nous trouvons possesseur de la cure de Bosville en 1737. Le seul acte que nous ayons à signaler sous son ministère est la réduction de la fondation d'Anne Ballandonne.

Réduction de la Fondation d'Anne Ballandonne

Requête à l'archevêque :

» A Monseigneur illustrissime et révérendissime archevêque de Rouen, primat de Normandie, pair de France, grand aumônier de la Reine, supplient humblement Pierre-Jacques-Louis de Becdelièvre, chevalier seigneur (etc.)..., patron de Bosville et autres lieux ; Jean-Baptiste Hulin, prêtre curé dudit Bosville, et Pierre Thuillier, trésorier en charge du trésor et fabrique de l'église dudit lieu, tant pour lui que pour les autres propriétaires et paroissiens dudit Bosville ;

» Et vous remontrent :

» Que, par contrat du 4 décembre 1701, Anne Ballandonne, veuve... (etc.), a donné et aumôné audit trésor une somme de 4,200 livres, à charge par ledit trésor, et ce à quoi il s'est obligé, de faire dire et célébrer, à ses frais et à perpétuité, six basses messes par chaque semaine de l'an, en l'église du dit Bosville, par un prêtre qui sera pour cet effet nommé... ; lequel prêtre sera tenu d'assister à tout le service qui se célébrera dans ladite église. Pour la rétribution de la célébration desdites basses messes, lui sera payé annuellement, par ledit trésor, la somme de 200 livres, et auquel sera fourni, également par ledit trésor, la demeure, les ornements et lumières convenables pour la célébration desdites messes.

» Si les trésoriers et paroissiens de Bosville ont accepté cette donation, c'est qu'*aux temps dudit contrat, les prêtres pouvaient plus facilement vivre, suivant leur état, qu'aux temps présents*, par la raison que tout ce qui convient à leur habillement, nourriture et entretien, est considérablement augmenté ; en sorte que le prêtre que les suppliants ont nommé pour desservir et acquitter cette fondation ne peut subsister pour ladite somme de 200 livres par an, à charge... (etc.)... ; que, si le trésor augmente ses honoraires, la fondation en question lui devient à charge, puisqu'il est encore obligé de fournir un logement audit prêtre, les ornements et lumières nécessaires. Pour à quoi remédier, il conviendrait diminuer au moins le tiers desdites six messes par chaque semaine et, par conséquent, les réduire à quatre et décharger ledit trésor de l'excédent. Aux fins, par ce moyen, de faire subsister plus facilement le prêtre chargé de la fondation susdite... (etc.)... »

La requête ci-dessus ayant été retournée au curé de

Bosville, on procéda à l'accomplissement des formalités comme il était d'usage en pareille matière :

La susdite requête fut lue par trois dimanches consécutifs, au prône de la messe paroissiale, avec avertissement à ceux qui prétendraient avoir un droit pour s'opposer à la réduction demandée qu'ils aient à se pourvoir, devant le vicaire général, dans le mois du jour de la dernière publication.

L'affaire ne se termina qu'au bout de quatre ans, car ladite réduction ne fut autorisée que le 21 mai 1749.

Jean-Baptiste Hulin mourut en 1757, et la cure de Bosville fut alors soumise au déport.

Le déport était le droit qu'avait l'évêché de toucher pendant une année le revenu d'une cure devenue vacante, à condition de la faire desservir. L'exercice de ce droit a souvent donné lieu à de nombreux abus. Voici, à ce sujet, une lettre du comte de Bailleul, patron de Vattetot, adressée en 1747 au sieur Pellevé, receveur général de la régie des déports de l'archevêché de Rouen :

« Je ne doute pas que vous n'ayez appris que M° Renard, mon curé de Vattetot, doyenné de Fauville, ne soit mort de samedi dernier. Comme on pourrait vous demander le déport, qui est ouvert pour l'année 1747, j'ai envie de le prendre ou que le curé que je nommerai le prenne, attendu que, dans le dernier déport, on me fit un désordre effroyable dans le presbytère : on laboura jusqu'à la cour, et tous les jardins jusqu'au carreau d'asperges; je ne souffrirai aucun déportaire (autre que ceux que je vous mande) à moins d'une bonne et excellente caution (A. S.-I., G. 1983) ».

Le déport de Bosville fut adjugé au sieur Robert Collé, marchand à Doudeville, moyennant 3,200 livres et l'acquit de toutes les charges.

A l'expiration dudit déport, Pierre Tharel, prêtre du diocèse de Rouen, fut nommé curé de Bosville, mais il ne vécut que quelques mois. Il fut remplacé immédiatement par Laurent Blondel, vicaire de Saint-Michel-de-Malleville.

Laurent Blondel

Nous possédons relativement au ministère de ce curé les documents suivants :

1º Aveu à la seigneurie de Bosville du bénéfice-cure dudit lieu ;

2º Réduction de plusieurs fondations ;

3º Réunion des hameaux de Touffrainville, Pancheville et Calvaille à la paroisse de Sasseville, en ce qui concerne l'administration religieuse.

Aveu du Bénéfice-Cure

« De haut et puissant seigneur messire Pierre-Jacques-Louis de Becdelièvre, chevalier seigneur, marquis de Cany, de Quevilly et d'Hocqueville, vicomte, baron haut-justicier de Cany-Canyel et de Canville, Criquetot et Ouénard, seigneur patron de Bôville et autres lieux, terres, fiefs et seigneuries, en ladite seigneurie et patronage de Bosville, membre dépendant de la châtellenie de Grainville, tient et avoue tenir discrète personne messire Laurent Blondel, prêtre curé de ladite paroisse de Bosville, c'est à savoir : sept pièces de terre assises en ladite paroisse.

» La première, qui est le manoir presbytéral, logée de maison à usage de demeure, couverte en tuile, granges, écuries, pressoir, charreterie, fournil, trie à pigeons (1) et autres bâtiments avec le jardin ; le tout clos de fossés et de murs tout autour, qui avait été employée par les précédents aveux, pour deux acres trois vergées et demi, quinze perches, bornée : d'un côté, vers l'est, le chemin des Forières tendant de l'église dudit Bosville à Ruville ; d'autre côté, *le Carreau dudit Bosville* et la rue qui tend de

---

(1) On appelait ainsi un bâtiment construit, avec la permission du seigneur, dans le but d'élever des pigeons de pure curiosité, des pigeons choisis, *triés*.

Saint-Vaast à Hanouard ; d'un bout, au midi, le cimetière et la maison de l'école, et d'autre bout, le chemin de Saint-Vaast ou d'Emondeville à Hanouard. »

(Suit la désignation des six autres pièces de terre.)

« Et de ce doit, ledit sieur tenant, à mon dit seigneur, prières et oraisons, avec reliefs, treizièmes, service de prévôté à son tour, pour cause de son dit manoir presbytéral, et autres droits et devoirs seigneuriaux, le cas offrant.

» BLONDEL, curé de Bosville. »

Ensuite est écrit :

« L'an 1759, le 10ᵉ jour de décembre, devant nous, Philippe-Louis Bréard, avocat au Parlement de Normandie, bailly des hautes-justices de Cany-Canyel et de Canville, sénéchal ordinaire de ladite seigneurie de Bosville, a comparu ledit sieur Blondel, curé de Bosville, tenant ; lequel nous a présenté cet aveu, iceluy juré et affirmé véritable en tout son contenu, et lequel a été par nous reçu, sauf à blâmer ; pourquoi lui avons ordonné de produire sur iceluy ses anciens titres pour en venir aux prochains plaids sur le blâme ou acceptation.

» BRÉARD ; BLONDEL, curé de Bosville ; CHERFILS, greffier. »

(A. S.-I., fonds de Becdelièvre).

Réduction des Fondations

Requête à l'official :

» A Monsieur l'official du diocèse de Rouen, ou à Monsieur le vice-gérant, supplient humblement : Pierre Heuzé, *procureur aux juridictions royales de Cany, trésorier en charge du trésor et fabrique de Saint-Sanson de Bosville*, doyenné de Canville, et Pierre Manoury, laboureur de ladite paroisse ;

» Et vous remontrent que par délibération des propriétaires et principaux habitants de ladite paroisse, en date du 19 août dernier, ci-attachée, ils auraient été nommés commissaires pour, de concert avec discrète personne Mᵒ Laurent Blondel, curé dudit lieu, examiner les titres et papiers dudit trésor ; auquel examen ayant procédé, ils auraient trouvé qu'il y a plusieurs fondations qui ne peuvent, quant à présent, être acquittées avec autant d'exactitude qu'elles l'ont été ci-devant, rapport à la modicité du revenu que les fonds aumônes produisent et à la perte qu'a souffert ledit trésor de tout ou partie des fonds affectés auxdites fondations.

» En conséquence, les suppliants ont cru qu'il était de leur devoir de pouvoir à leur réduction, parce que le trésor se trouve considérablement lésé pour y parvenir. Ils ont fait dresser un tableau ci-joint contenant tout ce qui concerne lesdites fondations.

» D'où il résulte incontestablement que la plus grande partie des biens aumônés pour l'acquit de ces mêmes fondations sont entièrement perdus par des évènements qu'on n'a pu ni prévoir ni empêcher, malgré la sagacité de ceux qui veillaient pour lors aux intérêts dudit trésor ; que le trésor a beaucoup plus fait qu'il ne devait, ayant acquitté lesdites fondations pendant nombre d'années depuis la perte desdits fonds ; qu'en continuant ainsi de les acquitter, outre qu'il se charge d'une obligation à laquelle il n'est point tenu, il est à la veille d'être obéré par les charges qui lui surviennent et par l'acquit gratuit des dettes et fondations qui absorbent son revenu, de sorte que ses affaires deviendraient tellement dérangées qu'il serait impossible de pouvoir les rétablir s'il n'y était sur-le-champ pourvu.

» Dans ces conditions, les suppliants ont recours à votre autorité. Ce considéré, Monsieur, il vous plaise ordonner que vérifications soient faites des faits ci-dessus énoncés.

» HEUZÉ, MANOURY, BLONDEL.

» Bosville, le 28 décembre 1759. »

L'officialité délégua le curé de Sasseville et un nommé

Canivet pour prendre communication desdits titres et donner leur avis sur la question.

Le 18 mars 1760, ils rédigèrent le rapport suivant :

« En conformité... (etc.)... ;

» Nous ont été présentés :

» 1° Contrat de Guillaume Doré, du 10 février 1560, qui a fondé deux messes chaque année, une chantée et une basse ; pourquoi il a donné une pièce de terre d'une vergée vingt-trois perches, et dix sols de rente. Cette pièce de terre est aujourd'hui inculte et affermée seulement vingt-cinq sols par an, et les dix sols de rente ont été probablement racquittées, le trésor n'en recevant plus rien ;

» 2° Contrat de messire François de Rouville, prêtre, curé de Bosville, en date du 5 mars 1673, fondant six messes par semaine et un service de trois messes chantées, avec nocturne et *Libera*, et un *Libera* chanté tous les dimanches ; pour être, lesdites fondations, acquittées par un chapelain nommé par le curé et deux trésoriers ; donné à cet effet 5,000 livres, et 400 livres pour l'acquisition d'une maison pour le logement du prêtre. De ces 5,000 livres, il avait été créé une rente de 300 livres à prendre sur M. de Clercy, écuyer, sieur de Vertot, laquelle rente a été totalement perdue, les biens du sieur de Vertot ayant été décrétés (saisis et vendus) à la requête du sieur Simonne, trésorier de Bosville, après sentence du bailly de Cany, du 23 mars 1689, qui évince le trésor dudit Bosville, en sorte qu'il ne reste plus que la maison du chapelain estimée à 60 livres de rente ;

» 3° Contrat du 20 juillet 1712, fondation faite par Me Leterrier, curé de Bosville, pour une messe chantée tous les samedis, avec diacre et deux chapiers et un *Libera* à la fin, plus trois obits chaque année, plus entretien d'une lampe pour brûler jour et nuit devant le Saint-Sacrement, et de fournir les ornements nécessaires, pain, vin et cire ; donné à cet effet 126 livres 6 sols 9 deniers de rente, au denier 18, à prendre sur M. le Président d'Ocqueville, laquelle rente a été remplacée sur les biens acquis par M. le Président d'Ocqueville, au nom du trésor, du nommé Jean Grémond, d'une ferme sise à Cany et Barville ; le dit remplacement a été fait au denier 20, de sorte qu'elle ne produit aujourd'hui que 110 livres de rente, ce qui fait pour le trésor une perte de viron 76 livres par an, l'acquit des dites fondations coûtant viron 186 livres ;

» 4º Contrat de fondation de quatre messes basses par an, fait par un nommé Lacaille, duquel nous n'avons pu lire la date ; payé à cet effet 24 sols seulement.

» Canivet ; Langlois de Breteuil, curé de Sasseville. »

Le 20 août de la même année, après l'accomplissement des formalités, les dites fondations furent réduites comme suit : 1º Doré, à une messe basse seulement ;

2º François de Rouville, à un annuel de cinquante messes basses avec un obit le jour de son décès ;

3º Leterrier, suppression de l'usage de la lampe, excepté les fêtes et les dimanches ;

4º Lacaille, à une messe basse pour laquelle il sera payé au prêtre qui la dira 15 sols.

Réunion des hameaux de Touffrainville, Pancheville et Calvaille à l'administration religieuse de la paroisse de Sasseville.

Requête à l'archevêque :

» A son éminence Monseigneur Dominique de Larochefoucauld, cardinal archevêque de Rouen, supplient très humblement Laurent Blondel, prêtre curé de la paroisse de Bosville, et Charles Sampic, prêtre curé de celle de Sasseville,

« Et vous remontrent,

» Monseigneur, que depuis un temps immémorial le trait de Touffrainville, Pancheville et Calvaille, dépendant de la paroisse de Bosville, est cependant dixmé à moitié par le curé de Sasseville, sans autre titre que celui du temps et de l'usage ; que les trois hameaux que renferme ce trait sont à trois quarts de lieue de l'église de Bosville et ne sont qu'à un quart de lieue de celle de Sasseville ; que les habitants qui composent ces hameaux, et forment environ 160 à 180 communiants, peuvent indifféremment s'adresser à celui des deux curés qui leur plaît pour remplir les devoirs de notre religion ; que la liberté qu'ils en ont leur fournit l'occasion d'échapper souvent à la vigilance de l'un et de l'autre pour la réception des sacrements et l'instruction de la jeunesse ;

» Que le choix qu'un des suppliants a sur l'autre, dans la perception de la dîme qui leur est commune, a souvent occasionné, entre les domestiques, des difficultés quelquefois malheureusement adoptées par leurs maîtres ; qu'ils ont bien pu, par le contrat à vie qu'ils ont fait entre eux, prévenir les querelles qui auraient pu les diviser à l'avenir, mais ils ne peuvent que former des vœux pour remédier aux abus qui résultent de l'administration spirituelle qui leur est commune.

» Ils désireraient que le contrat conforme au plan (ce plan annexait la dîme des trois hameaux à la cure de Sasseville) qu'en a fait dresser M. le marquis de Cany, et signé par les deux parties, puisse faire la loi de leurs successeurs, à la réserve cependant que le curé actuel de Bosville recevra de celui de Sasseville, tant qu'il sera curé de Bosville, la somme de 400 livres qui sera, après sa mort, réduite en celle de 200 livres, laquelle sera pour lors payée annuellement au trésorier en exercice dudit Bosville et distribuée aux pauvres du lieu, sur les billets qui seront donnés par M. le curé, parce que, sur les 200 livres restants, les curés de Sasseville seront tenus de payer 100 livres tous les ans, à perpétuité, au trésorier de Sasseville, pour être distribués aux pauvres, sur les billets qui seront délivrés par les curés.

» C'est d'après ces motifs qui les animent pour le bien de la religion et le bon ordre de votre diocèse qu'ils ont été conseillés d'avoir l'honneur de vous donner leur requête à ce qu'il vous plaise, Monseigneur, de fixer irrévocablement les habitants des hameaux de Touffrainville, Pancheville et Calvaille à la paroisse de Sasseville, pour y être administrés exclusivement par le curé du lieu, à la charge par ledit curé de payer... (etc.)...

» Et les suppliants ne cesseront d'adresser leurs vœux au ciel pour la conservation de votre Eminence.

» BLONDEL, SAMPIC.

» Bosville, le 27 janvier 1779. »

Une enquête fut ordonnée et elle eut lieu, à Bosville, le 22 juin suivant, à l'issue de la messe paroissiale.

Voici les principales dépositions qui y furent consignées :

Charles-Pierre Couture, avocat et bailly des hautes-justices de Cany-Canyel et de Canville, propriétaire à Bosville, atteste qu'il a ouï dire à son fermier que les habitants desdits hameaux sont en possession de faire baptiser leurs enfants en la paroisse de Sasseville, d'y faire leur devoir pascal, d'y publier leurs bans et de s'y marier ; qu'ils y font, ainsi qu'en la paroisse de Bosville, le pain bénit ; que ledit déposant ne sait si cette possession est fondée sur aucun titre, mais que c'est un usage qui existe depuis très longtemps et dont il ne peut savoir ni la cause de son introduction, ni auquel de messieurs les curés de Bosville et de Sasseville étaient soumis, dans l'origine, les habitants desdits hameaux ; qu'il ne trouve aucun inconvénient à leur réunion à Sasseville, et que cette réunion est, au contraire, désirable pour le bien de la religion.

Un autre habitant déclare qu'il pense qu'à l'origine, ces trois hameaux faisaient partie de Bosville ; que les curés n'ont acquis le droit de dixmes qu'à cause des secours spirituels et corporels qu'ils y ont portés dans les maladies pestilentielles, et qu'ils ont été maintenus dans ce droit, depuis un temps immémorial, par les sieurs curés de Bosville qui se sont toujours conservé le choix dans la perception de la dîme qui leur est commune, ce qui a occasionné des querelles, et qu'il n'a point connaissance qu'aucuns se soient mariés à Bosville, mais il reconnaît que ces hameaux sont portés sur le rôle des tailles dudit Bosville ; il donne aussi un avis favorable au projet.

Enfin, un vieillard dépose n'avoir jamais vu inhumer à Bosville qu'un seul habitant de ces hameaux, un nommé Fromager, et qu'il trouve, lui aussi, que cette réunion est désirable pour le bien de la religion.

L'enquête ayant été entièrement favorable, le plan de délimitation des deux dixmages fut soumis à l'examen d'une commission composée de délégués des deux paroisses. Après nouvel avis conforme, ladite réunion fut autorisée par l'archevêché le 4 juillet 1780.

Laurent Blondel mourut peu de jours après l'issue de cette affaire et, le 17 octobre de la même année, le marquis de Cany présenta à ladite cure le sieur Robert Caron, curé de Lintot, doyenné de Bacqueville.

Robert Caron fut le dernier curé de Bosville sous l'ancien régime et nous le retrouverons à l'époque révolutionnaire.

Valeur de la cure de Bosville à la fin de l'ancien régime

Grosses, menues et vertes dîmes	6.000 livres
Presbytère, jardin et masure	120 —
Quatre acres et demie de terre en labour	100 —
Total	6.220 l. (1)

(1) Ces chiffres nous sont fournis par le rôle des vingtièmes de 1785. Il est à noter que les déclarations ont été faites par le curé lui-même et qu'elles portent sur le revenu net.

Duquel il convient de retrancher :

Traitement du vicaire..........................	300 l.	(1)
Réparations annuelles au chœur de l'église (moyenne).......................................	200	—
Impôt des décimes............................	330	—
Cotisation des pauvres (approximatif)...........	190	—
Charges diverses (id.)	200	—
Soit.........................	1.220	livres
Reste donc un revenu net de......................	5.000	livres

Mais nous devons convertir les livres en francs en multipliant par deux, car on admet généralement que celui qui possédait 100 livres en 1789 était aussi riche que celui qui, aujourd'hui, possède 200 francs, attendu que les choses nécessaires à la vie coûtaient deux fois moins que de nos jours.

Donc, le revenu de la cure de Bosville, en 1785, représentait une valeur actuelle de 10,000 francs.

Biens de la fabrique de Bosville en 1789

Maison, jardin et masure occupés par M. Fromager, chapelain (occupés actuellement par M. Noury, cantonnier), estimés à 45 livres de revenu.

Maison, jardin et masure occupés par M. Lesueur, chapelain (le presbytère actuel), estimés à 45 livres de revenu.

Maison et petit jardin occupés par Lecressonnois, clerc (ancienne école de filles, près du cimetière), estimée 30 livres de revenu.

Maison et masure, louées à Simon Jacques, revenu.	90	livres
id. id. la veuve Antoine Grémont	75	—
id. id. Charles Béchet.............	55	—
id. et une petite pièce de terre en labour, louées à Adrien Lecoutre, revenu.......	75	—
Maison et masure et une petite pièce de terre en labour, louées à Jean Dufeu et autres, revenu....	350	—

(1) C'est le minimum fixé par l'édit de 1768. Le curé y ajoutait généralement tout ou partie du casuel, mais nous n'avons pas à nous occuper de cette question pour Bosville, puisque

Biens du Trésor

Maison et demi-acre de masure, louées à Thomas Lecoutre, revenu...............................	63 livres
Maison et petite masure, louées à Adrien Saint-Requier, revenu.................................	23 —
Trois vergées de terre labourable, louées à Guillaume Hue, revenu.................................	11 —
Trois acres de terre labourable, loués à François Dupuis, revenu.................................	28 —
Deux acres de terre labourable, loués à François Bellenger, revenu...............................	33 —
Deux acres de terre labourable, loués à Barthélemy Deschamps, revenu............................	30 —
Une acre et demie de terre labourable, louée à Pierre Quibel, revenu..............................	19 —
Deux acres de terre labourale, loués à Jean Carel, revenu.......................................	19 —
Une acre et demie de terre labourable, louée à Antoine Lucas, revenu............................	15 —

De plus, une petite ferme à Barville dont nous n'avons pas l'estimation.

La plus grande partie de ces biens (tant du trésor que de la fabrique) a été aliénée par la Nation pendant la période révolutionnaire.

Quant aux fondations, elles ont totalement disparu, à la même époque, avec les biens aumônés.

nous ne faisons pas entrer les produits de ce casuel dans les revenus de la cure.

CHAPITRE IV

L'Administration civile ou Communauté d'Habitants

Au douzième siècle, les campagnards commencent d'aspirer à l'affranchissement politique, à faire corps, à administrer leurs intérêts, ainsi que le font les gens des villes.

Les villages, anciens et nouveaux, sont devenus des paroisses, titr donné d'abord au centre épiscopal (à l'évêché), puis descendu partout où il s'est formé une administration religieuse. L'autel, ou chapelle rurale, est devenu une église, une communauté religieuse organisée ; puis, la communauté religieuse s'est faite communauté civile. Il naît là, sous l'autorité de l'intendant du seigneur unie à celle du prêtre, des ébauches toutes spontanées d'organisation municipale.

L'intendant et le curé choisissent parmi les paysans, l'un des assesseurs, l'autre des marguillers. Les villageois portent plus loin leurs ambitions : ils rêvent, eux aussi, comme les habitants des villes, des assemblées et des chefs élus. Ils n'atteindront ce but que bien lentement et bien incomplètement; il faudra plus de deux siècles pour que les paroisses obtiennent, à peu près généralement, des assemblées et des délibérations en commun (d'après Henri Martin).

Il n'y avait point alors de Conseil municipal comme de nos jours, mais une assemblée générale de tous les chefs de famille. Cette assemblée se tenait devant l'église, le dimanche, à l'issue de la messe paroissiale ; elle élisait un syndic pour l'administration des intérêts communaux et un collecteur pour lever la taille, et elle délibérait sur les affaires du lieu.

Ce que nous appelons aujourd'hui la tutelle administrative existait peu jusqu'au règne de Louis XIV : les communautés traitaient leurs intérêts à peu près comme elles l'entendaient, du moment où elles fournissaient leur contingent d'impôts. Cette grande liberté produisit des abus auxquels l'autorité royale remédia trop rigoureusement : les communautés furent alors soumises au plus dur contrôle ; souvent, les représentants du gouvernement cassaient les élections, nommaient eux-mêmes les syndics et les collecteurs, faisaient marcher ceux-ci à leur gré, sous peine d'amende et de prison ! On était loin, comme aujourd'hui, de rechercher les honneurs municipaux !!

Il faut reconnaître cependant que, souvent, ces rigueurs avaient pour but de protéger les habitants contre leur seigneur, car, bien que celui-ci ne fît pas partie de l'assemblée des paysans, il ne pesait pas moins sur elle de tout le poids de sa fortune, de son influence et de ses droits féodaux.

La commune de Bosville ne possède pas d'archives antérieures à 1789; les seuls renseignements qui nous restent sur cette époque se trouvent au dépôt départemental, dans les documents concernant la Généralité de Rouen : Nous y découvrons un seul syndic de Bosville, lequel était ce Noël Simonne que nous connaissons déjà comme fondateur de la confrérie de N.-D. du Mont-Carmel. En 1707, il cumulait les fonctions de syndic et de collecteur (C. 1074). Nous ne savons pendant combien de temps il occupa ces deux charges.

A cette époque, la population de Bosville était d'environ 1,000 habitants ; nous la voyons redescendre à 896 vers le milieu du siècle, pour revenir aux environs de 1,000 en 1789.

Ces mêmes archives départementales nous permettent

d'établir *exactement* le montant des impôts directs assignés à Bosville, à la fin de l'ancien régime, et de comparer ces charges avec les contributions directes payées actuellement (1891) par cette même commune.

Impôts directs de Bosville en 1785 :

Taille (principal, accessoires et capitation)	7.453 livres	(C. 251)
Vingtièmes..................................	2.759 —	(C. 568)
Dîmes	6.000 —	(C. 568)
Gabelle (sel du devoir) (1)................	2.940 —	(C. 610)
Total................	19.152 livres	

Mais nous devons convertir les livres en francs en multipliant par deux, comme nous l'avons fait pour déterminer la valeur de la cure, car on peut admettre,

---

(1) Une des charges fiscales les plus impopulaires de l'ancienne monarchie est assurément la gabelle (impôt sur le sel). Pour sa perception, l'inquisition entre dans chaque ménage. Le sel coûte 1 fr. 20 la livre (valeur actuelle de l'argent) ; l'habitant n'est pas libre d'acheter la quantité de sel qui lui convient, car l'administration fixe la quantité qu'il doit prendre : cela s'appelle sel du devoir. — La commune de Bosville était taxée en 1785 à 4,900 livres, représentant une somme totale de 5,880 fr. — Pour le recouvrement de cet impôt, les contribuables sont obligés de se tourmenter mutuellement. En effet, plusieurs d'entre eux sont nommés pour répartir le sel du devoir et ils sont responsables du prix de ce sel. Si ces malheureux répartiteurs ne sont pas en état de fournir une caution suffisante, on vend leurs biens, on les emprisonne, et ensuite on retombe, si la somme est inférieure au montant total, sur les principaux habitants qui restent solidairement responsables du sel de tous. En Normandie, chaque jour, on voit saisir et vendre, pour n'avoir pas acheté de sel, des malheureux qui n'ont pas de pain. Ces vexations sont domestiques, minutieuses et de tous les jours : Défense de détourner une once du sel obligatoire pour un autre emploi que pour le pot de salière. Si un villageois a économisé sur le sel de sa soupe, pour saler un porc et pour manger un peu de viande en hiver, gare aux commis ! Il faut que l'homme vienne au

sans crainte d'exagération (c'est, du reste, la proportion adoptée par Taine), qu'un impôt de 100 livres était aussi lourd pour nos pères que l'est pour nous aujourd'hui une contribution de 200 fr. En effet, un ouvrier qui, à cette époque, gagnait une livre par jour devait travailler cent jours pour payer cent livres d'impôt, et, aujourd'hui, un ouvrier, avec les salaires actuels de deux francs, devra également travailler cent jours pour payer une contribution de 200 fr.

grenier (Bosville dépendait du grenier à sel de Saint-Valery) acheter d'autre sel, fasse une déclaration, rapporte un bulletin et représente ce bulletin à toute visite. Je puis citer, dit Latrosne, deux sœurs qui demeuraient à une lieue d'une ville où le grenier n'ouvre que le samedi. Leur provision de sel était finie. Pour passer trois ou quatre jours jusqu'au samedi, elles firent bouillir un reste de saumure dont elles tirèrent quelques onces de sel. Visite et procès-verbal des commis. A force d'amis et de protection, il ne leur en a coûté que 40 livres. Pour empêcher les tanneurs et corroyeurs qui emploient du sel dans leur industrie d'appliquer ce sel aux usages de la cuisine, on a trouvé un moyen ingénieux : c'est de l'empoisonner ! Défense aux juges de modérer ou réduire les amendes prononcées en matière de sel, à peine d'en répondre et d'être interdits. Cette législation tombe sur les contribuables comme un rets serré aux mille mailles, et le commis qui le lance est intéressé à les trouver en faute. Là-dessus, vous voyez la ménagère cherchant le bulletin de son jambon, le gabelou (commis de la gabelle) inspectant le buffet, vérifiant la saumure, goûtant la salière, déclarant, si le sel est trop bon, qu'il est de contrebande parceque celui du grenier, seul légitime, est ordinairement avarié et mêlé de grovast. La gabelle (Mémoire de M. de Calonne, page 67) entraîne chaque année 4,000 saisies domiciliaires, 3,400 emprisonnements, 500 condamnations *au fouet, au bannissement et aux galères ! !*

Parfois même, en cas de récidive, les faux sauniers (ceux qui employaient ou vendaient du sel de fraude) *étaient pendus ! !* La haine de la gabelle était générale et; encore aujourd'hui, le nom de *Gabelou* rappelle les sentiments du peuple d'alors (Taine, « L'ancien Régime. »

Les impôts directs de Bosville, en 1785, représentaient donc en valeur actuelle :

Taille (principal, accessoires, capitation)	14.906 francs
Vingtièmes	5.518 —
Dîmes	12.000 —
Gabelle (sel du devoir)	5.880 —
Total	38.304 francs

Contributions directes de Bosville en 1891

Foncière non bâtie	9.835 francs
id. bâtie	1.634 —
Personnelle mobilière	2.162 —
Portes et fenêtres	1.796 —
Total	15.427 fr. (1)

Nous payons donc actuellement, comme contributions directes, 15,427 francs, tandis que nos ancêtres de 1785 payaient 38,304 fr., c'est-à-dire dans la proportion de 1 à 2,48, presque deux fois et demi plus que nous !

Nous ne voulons pas insinuer, cependant, que les impôts actuels sont des plus légers ! Mais si nous étions en 1785 !! alors…. nous ferions probablement aussi la Révolution !!!

Quant aux impôts indirects, ils étaient à peu près équivalents à ceux d'aujourd'hui.

(1) Dans le calcul des contributions directes de 1891, nous n'avons porté ni les prestations, ni les patentes, attendu que les prestations remplacent la corvée de l'ancien régime et que les patentes représentent l'impôt des corporations.

FIN DE LA PREMIÈRE PARTIE

Yvetot. — Imp A. Bretteville. — Journal *Le Réveil d'Yvetot*